Susanne Schmidt

Abnehmen ab 40!

Schlank werden und schlank bleiben

Die 30-Gramm-Fett-Methode

WILHEM HEYNE VERLAG
MÜNCHEN

FSC www.fsc.org
MIX
Papier aus verantwortungsvollen Quellen
FSC® C014496

Verlagsgruppe Random House FSC® N001967

4. Auflage
Originalausgabe 01/2018

Neumarkter Straße 28, 81673 München
Konzeption und Redaktion: Mayryna Zimdars, Unterföhring
Umschlaggestaltung und Layout: Eisele Grafik Design, München
Illustrationen: Steffen Gumpert, Berlin
Satz: Satzwerk Huber, Germering
Fotos: Seite 9: shutterstock/Horiyan, Seite 32/33: Yastremska/Bigstock, Seite 70: shutterstock/Graeme Dawes, Seite 84/85: shutterstock/Horiyan, Seite 88: shutterstock/Ev Thomas
Druck und Bindung: GGP Media GmbH, Pößneck
Printed in Germany
ISBN 978-3-453-60456-8

www.heyne.de

HEYNE

SUSANNE SCHMIDT

NIE WIEDER DICK!

Susanne Schmidt, Jahrgang 1955, hatte 2006 ein Gewicht von 132 Kilo erreicht und fuhr zum Abnehmen in eine Kurklinik. Dort lernte sie die 30-Gramm-Fett-Methode kennen, mit der sie 57 Kilo verlor. Sie lebt in Norddeutschland und ist Mutter zweier erwachsener Söhne. Christian, der ältere Sohn, unterstützt Susanne Schmidt bei der Organisation der 2007 ins Leben gerufenen »Nie wieder dick«-Initiative, die über die 30-Gramm-Fett-Methode informiert, motiviert und beim Abnehmen hilft.

INHALT

DIE 30-G-FETT-METHODE IM ALLTAG 70

REZEPTE UND TIPPS 84

ANHANG

Liebe Leserin, lieber Leser!

Den Traum vom erfolgreichen Abnehmen hatte ich schon seit Jahren mit dem Stempel »unerreichbar« abgehakt. Alles, was an Diäten und Hilfsmitteln angeboten wurde, war ausprobiert. Die Erfolge immer nur von kurzer Dauer, nach jeder Diät brachte ich mehr Gewicht auf die Waage.

Ich, Susanne Schmidt, wurde 1955 geboren, bin verheiratet und habe zwei Söhne. Nach den Hungerjahren gab es wieder ausreichend zu essen. Das wurde bei uns voll ausgekostet. Süßes zum Trost und zur Belohnung. Fettes zu jeder Mahlzeit. Sport oder Bewegung war nicht auf dem Plan. So wurde der Grundstein gelegt für ein Leben als Dicke. Verspottet schon in der Schule, machte ich mit elf Jahren meine erste Diät. Das Gewicht fuhr ständig Achterbahn. Es wurde eine Diät nach der anderen gemacht. Später als NUR-Hausfrau mit Kindern lockte der Kühlschrank den ganzen Tag. Jeder Frust wurde in Essorgien ertränkt und meine Lebensqualität war auf dem Nullpunkt angekommen. Ich traute mich nicht mehr aus dem Haus, saß nur noch vor dem Fernseher und aß. Ich schämte mich vor mir selbst. Essen war mein Lebensinhalt geworden. Irgendwann waren es dann 132 Kilogramm bei einer Größe von 167 Zentimetern.
2006, bei einem Check-up, schlug mir mein Arzt vor, eine Kur zum Abnehmen in Erwägung zu ziehen, da mein Gewicht bedenklich wurde.
So landete ich in einer Rehaklinik, in der mit der 30-g-Fett-Methode abgenommen wird. Nach drei Wochen waren zwölf Kilogramm weniger auf der Waage. Ich schöpfte nach vielen Jahren endlich wieder Hoffnung.

In der Klinik war das Abnehmen einfach. Doch wie würde es zu Hause klappen? Deswegen übernahm mein Sohn Christian den Part eines Personal Trainers. Er motivierte mich täglich – zum Walken und fettarmen Kochen ... So purzelten die Pfunde weiter. Ergebnis: 57 Kilogramm in sieben Monaten weniger auf der Waage. Gesundes Essen, reichlich trinken und Bewegung war und ist jetzt mein tägliches Programm. Keine Diät, sondern eine Änderung meines Verhalten. Und das für immer.
Ich lade Sie ein, diese Methode auch einmal zu probieren. Denn mein Motto ist: Wir schaffen das!

Viel Erfolg wünscht Ihnen
Susanne Schmidt

ICH BIN ÜBER VIERZIG – NA UND?

ICH BIN ÜBER VIERZIG – NA UND?

»Gestern war ich noch zwanzig und nun bin ich schon über vierzig. Leider hat sich nicht nur mein Alter, sondern auch mein Gewicht um einiges erhöht. Im Großen und Ganzen fühle ich mich nicht viel anders als damals. Wenn bloß diese zusätzlichen Kilos nicht wären. Wie ist das eigentlich passiert?«

Zuerst die Schulzeit, die Ausbildung und der Job. Später die Kinder und dann auch noch der Haushalt und alles, was dazugehört. Das waren ziemlich hektische Jahre. Zeit für mich blieb da kaum. Mir dann auch noch Gedanken über meine Ernährung zu machen? Dazu hatte ich weder Zeit noch Lust. Vielleicht am Wochenende mal. Aber sonst?

Wenn schon kochen, dann bitte schnell und ehrlich gesagt auch des Öfteren was vom Imbiss. Schnell und ohne viel Aufwand musste es sein. War aber leider nicht wirklich gut. Von gesunder Ernährung war ich meilenweit entfernt. Das Ergebnis sehe ich jetzt, und es gefällt mir überhaupt nicht. Ich will etwas ändern!

Aber es darf nicht zu aufwendig und teuer sein. Schmecken muss es auch und Hunger will ich natürlich auch nicht haben. Und die Familie muss es ebenfalls mögen. Zweimal kochen werde ich mit Sicherheit nicht. Diäten bei denen das nötig war, habe ich früher gemacht. Das kommt für mich nicht mehr infrage. Dennoch möchte ich diese Jahre nicht missen.

Nun starte ich in die nächsten vierzig Jahre. Es sollen meine besten Jahre werden. Jetzt will ich wissen, was mir das Leben noch zu bieten hat. Ich werde mehr an mich denken. Denn ich will!

Mir ist endlich klar, dass ab sofort etwas anders werden muss. Anders wird alles sein, was nicht gut für mich ist. An mich denken bedeutet, etwas für meine Gesundheit, meine Figur und mein Lebensgefühl zu tun! Ich bin gespannt, was da so auf mich zukommen wird. Mein Vorsatz: Ich starte jetzt noch einmal so richtig durch! Die Zeit ist gekommen, mein »Wohlfühlgewicht« zu erreichen. Modelmaße brauche ich nicht mehr. Ich freue mich darauf!«

Mitten im Leben

»Der vierzigste Geburtstag ist schon gewesen, man ist also mitten im Leben. Dreißig zu werden ging ja noch, aber nun bin ich schon über vierzig. Die Jahre sind einfach so verflogen. Der Alltag mit Beruf, Familie und sonstigen Anforderungen hatte mich fest im Griff. Noch immer habe ich es nicht geschafft, zu meiner Zufriedenheit schlank zu werden. Das wollte ich doch bis zum dreißigsten Lebensjahr erledigt haben. Wo ist nur die Zeit geblieben?

Wenn ich zurückblicke, komme ich zu dem Schluss: Das Abnehmen klappte wie früher auch in den letzten Jahren einfach nicht. Da war zu viel anderes zu tun. Wann hätte ich da noch eine umständliche Diät einhalten sollen?
Versucht habe ich es zwischendurch oft genug. Aber diese Shakes und alle anderen Dinge haben eben nicht gewirkt. Dabei habe ich dafür so viel Geld ausgegeben.«
Tagein, tagaus kreisten meine Gedanken nur darum:
»Es muss doch etwas geben, das sowohl gesund und alltagstauglich als auch erfolgreich ist. An schlechten Tagen dann eher Gedanken wie: Jetzt ist es sowieso zu spät. In meinem Alter nimmt man doch nicht mehr ab. Also lasse ich es eben! Dicksein ist halt mein Schicksal. Es muss auch dicke Leute geben …«
Kennen Sie diese oder ähnliche, sagen wir mal Ausreden auch? Inzwischen bin ich einige Schritte weiter und weiß ganz sicher:

Wer will, sucht Wege.
Wer nicht will, sucht Gründe
(Ausreden).

Der Stoffwechsel stellt sich um

Je älter man wird, umso schwerer fällt das Abnehmen. Der Grund dafür: Ab vierzig kommen bereits viele Frauen in die Wechseljahre. Der Hormonhaushalt stellt sich um, unter anderem sinkt dann der Östrogenspiegel. Das begünstigt die Fetteinlagerung am Bauch. In den Wechseljahren verstärkt sich dieser Prozess auch noch. Es kommt zu einem Östrogenmangel, der sich beispielsweise in Hitzewallungen, nächtlichen Schweißausbrüchen äußert. Das Abnehmen in dieser Zeit ist trotzdem möglich. Das weiß ich aus eigener Erfahrung, denn erst ab diesem Alter hatte ich meinen großen Abnehm-Erfolg.

Auch die Schilddrüse, der Generator des Stoffwechsels, arbeitet langsamer. Überschüssige Energie wird schneller als in jungen Jahren in Fettpolster umgewandelt.

Wird man älter, sinkt auch noch der Grundumsatz, dieser umfasst den Energieverbrauch für Atmung, Herztätigkeit, Stoffwechsel und Aufrechterhaltung der Körpertemperatur. Die Höhe des Grundumsatzes ist abhängig von Geschlecht, Alter, Körpergröße, Gewicht, Stress, Hormonen und Klima. Während der Grundumsatz sinkt, wird der Appetit jedoch nicht weniger, sondern mehr. Schuld an der Veränderung sind die Hormone, die ab vierzig genetisch anders programmiert sind als in der Jugend.

Und wer ständig unter Strom steht, hat einen dauerhaft erhöhten Cortisol-Spiegel. Denn Cortisol ist das Stresshormon schlechthin. Infolgedessen sinkt der Blutzuckerspiegel und Heißhunger macht sich breit. Gibt man dem Heißhunger nach, wird die aufgenommene Energie nicht verbraucht, sondern setzt sich besonders leicht als Fettpolster ab. Je gelassener man demnach ist, umso schwerer haben es zusätzliche Pfunde sich festzusetzen.

Der Stoffwechsel arbeitet also im Laufe der Jahre immer langsamer. Auch die Körperzusammensetzung verändert sich. Bisher war der Körper auf Wachstum eingestellt, ab vierzig stellt der Körper auf den Erhalt der Muskelmasse um.

Aus der Forschung weiß man, dass der »Alterungsprozess« bereits mit 25 Jahren beginnt. Auch die Kraft und Ausdauer Powersport zu treiben oder andere anstrengende körperliche Tätigkeiten zu verrichten, lässt im Laufe der Jahre immer mehr nach. Folglich wird das Abnehmen nicht einfacher. Langsamer Stoffwechsel, weniger Bewegung, bei gleichem Appetit – da kann das Abnehmen nicht funktionieren.

Jahr für Jahr ein bisschen weiser

Müssen wir ab vierzig den Ansprüchen, die wir mit zwanzig an uns hatten, immer noch genügen? Mit Sicherheit nicht. Das Leben verändert sich, das Denken ändert sich ebenfalls und unser Körper sowie der Anspruch gesund zu bleiben auch.
Das muss kein Nachteil sein. Das Abnehmen kann trotzdem klappen, wenn man einiges beachtet. Die Erfolge sind nicht geringer, oftmals sogar besser. Mit mehr Ruhe, weniger Hektik und Stress ist das Abnehmen manchmal sogar leichter.
Wenn sämtliche Crashdiäten so wirkungsvoll wären, hätten wir doch alle kein Gewichtsproblem mehr. Ausprobiert hat doch jeder schon mal eine. Ganz schnell, ganz viel Abnehmen, hat eigentlich fast nie richtig geklappt. Wenn doch, war es lediglich ein schneller Wasserverlust.

So viel abgenommen in so kurzer Zeit und das auf gesunde Art und Weise habe ich erst mit 51 Jahren. Denn erst in diesem Alter wurde mir klar: Wir nehmen nicht mit dem Bauch ab, sondern mit dem Kopf. Und der ist jenseits der vierzig Jahre oft klüger als mit zwanzig, weil erfahrener.
Viele »Fehler« haben wir schon hinter uns, wir kennen unseren Körper ziemlich gut und wissen oft besser, was er mag, wirklich will und auch leisten kann. Und das sind die wichtigsten Voraussetzungen zum Abnehmen. Wir wissen, wie unser Körper »tickt« und unser Kopf auch.

Um weiterhin so gut wie möglich zu funktionieren, gerade wenn man über vierzig ist, sollte Sport oder sagen wir mal besser Bewegung, wenn irgendwie machbar dazugehören. Denn nicht Pillen oder Ähnliches halten den Stoffwechsel in Gang, sondern gesundes Essen und Trinken und möglichst viel Bewegung!

Gesund zu essen und genug zu trinken, sind die wirklich hilfreichen Maßnahmen. Nachgewiesenermaßen kann jeder Mensch sein biologisches Alter mit den entsprechenden Veränderungen im Lebensstil um viele Jahre zurückdrehen. Oder wir können durch eine ungesunde Lebensweise schneller altern.
Jeder hat es in der Hand. Und eigentlich ist es doch gar nicht so schwer, ein paar kleine Veränderungen vorzunehmen, um sich wohlzufühlen und sein Leben wieder mehr zu genießen. Die Naturgesetze können wir nicht ändern. Aber auf der Skala von 0 bis 10 haben wir die Chance, unsere Lebensqualität von 1 bis 2 auf 8 bis 10 zu erhöhen. Und diese Erkenntnis führt zum Erfolg, vor allem weil: »Ich es so will«!

Jedes Jahr ein Kilo mehr

Wenn alles im Leben so gut klappen würde wie das Zunehmen – das wäre optimal. So sehr wir uns auch bemühen, trotzdem kommt jährlich fast unbemerkt ein Kilo nach dem anderen dazu. Plötzlich sind ein bis zwei Kilogramm mehr auf der Waage, und das ist meistens kein Problem. Das könnten auch Schwankungen im Wasserhaushalt des Körpers sein.
Aber diese beiden Kilos, die sich schon seit Monaten hartnäckig halten, sind damit sicher nicht zu erklären. In zehn Jahren sind es dann vielleicht schon zehn Kilos mehr. Zunächst achtet man nicht darauf, doch irgendwann ist das Mehr auf der Waage nicht mehr zu übersehen.
Wie konnte das passieren?

Wie schon erwähnt, der Stoffwechsel läuft langsamer je älter wir werden. Je nach genetischer Veranlagung wird dieser um etwa 15 Prozent gedrosselt und der Energieverbrauch sinkt. Bereits ab dem dreißigsten Lebensjahr verlieren wir pro Jahr 1 Prozent an Muskelmasse, wenn wir nicht genug Sport treiben. Gleichzeitig steigt der Fettanteil. Das Gewicht bleibt zwar zunächst konstant, doch der Energieverbrauch sinkt, weil Fettzellen weniger Kalorien verbrennen als Muskelzellen.

Der Körper verbrennt nicht mehr so viele Kalorien wie früher. Zudem lässt auch die körperliche Aktivität nach – wir werden träger, bequemer. Mit der Zeit kommen vielleicht körperliche Beschwerden dazu, die zwar die Bewegungsfähigkeit weiter einschränken, aber nicht das Essen – ein wahrer Teufelskreis.

Früher haben wir die freie Zeit dazu genutzt, um etwas zu unternehmen und uns zu bewegen. Heute nutzen wir sie, um vielleicht lieber einen leckeren Cappuccino zu genießen und eventuell noch ein Stück Kuchen dazu. Früher haben wir uns aufs Fahrrad geschwungen, um schnell noch etwas zu erledigen. Heute steigen wir lieber ins Auto.

Im Laufe der Jahre passieren diese Dinge schleichend. Es fällt zunächst überhaupt nicht auf, dass sich was verändert hat. Doch wenn wir darüber nachdenken … Manche Gewohnheiten wurden eisern beibehalten, andere wiederum haben sich verändert.

Wie kann ich reagieren?
Logischerweise müssten wir mit zunehmendem Alter unsere Kalorienzufuhr reduzieren und die körperlichen Aktivitäten erhöhen, um genau diese Zunahme zu verhindern. Ehrlich gesagt, wer macht das schon?

Wie viele Kalorien wir in welchem Alter verbrennen, lässt sich mit der sogenannten Harris-Benedict-Formel berechnen.

Ein Beispiel: Berechnet nach der Harris-Benedict-Formel
Geschlecht: weiblich
Alter: 20 Jahre
Größe: 170 cm
Gewicht: 70 kg
Die Zwanzigjährige hat einen Energieumsatz von 2232 kcal, um das Gewicht zu halten (ohne Sport).
Mit 40 Jahren liegt er bei 2095 kcal.
Mit 60 Jahren liegt er bei 1960 kcal.

Das bedeutet, dass diese Frau ab dem vierzigsten Lebensjahr 137 kcal weniger braucht, um nicht zuzunehmen.
Das entspricht in etwa 1 Scheibe Brot, 1 Scheibe fettem Käse. 2 bis 3 Keksen.
Die Alternative: mehr Bewegung, mit der sie diese 137 kcal zusätzlich verbrennt.

Eine Zunahme von einem Kilogramm im Jahr sind nur 83 Gramm pro Monat. Das zeigt keine Waage an. Doch zehn Kilogramm mehr sind eindeutig zu viel.
Wenn Sie das feststellen, sollten Sie unbedingt gegensteuern. Um es aber erst gar nicht so weit kommen zu lassen, könnten Sie sich folgendes angewöhnen:

- Sich nur einmal pro Woche oder im Monat wiegen.
- Ein Kleidungsstück, das gut passt und ohne Gummizug oder Stretchanteil hergestellt wurde, zur Kontrolle immer wieder anprobieren.
- Mit dem Zentimetermaß Taille, Hüfte und Oberschenkel messen und notieren.

Für viele ist die Waage der Horror. Für mich war sie es auch. Zu lange habe ich mich täglich mehrfach gewogen. Und jedes Mal war die Zahl auf der Waage wie ein Schlag ins Gesicht. Zufrieden war ich nie, auch mit 75 Kilogramm nicht. Da war immer der Wunsch:

Ein bisschen weniger wäre besser. Das frustriert und verleitet einen wieder zu essen.
Die Hose, die ich stattdessen immer wieder zur Kontrolle anprobiere, ist für mich der erhobene Zeigefinger und motiviert mich, die Bremse zu ziehen. Oder sie gibt mir die Gewissheit: Passt! Alles ist okay!
Aber auch bei solchen kleinen Tricks sollte jeder seinen eigenen Weg finden.

Die nächste Frage ist, muss man mit über vierzig wirklich das gleiche Gewicht haben, wie mit zwanzig? Ist das noch so schön und attraktiv wie damals?
Damit möchte ich sagen, dass man nicht sein gesamtes Leben das gleiche Gewicht auf die Waage bringen muss. Auch die Medizin ist mittlerweile auf dem Stand, ein wenig mehr Gewicht als gesünder und sinnvoller zu empfehlen. Eine Studie besagt sogar, dass Menschen mit acht Kilogramm Übergewicht die gesündesten und die mit der längsten Lebenserwartung sind. Hier geht man allerdings von einem Body-Mass-Index (Körpermassenindex, BMI) von maximal 25 aus. Andere Empfehlungen beinhalten eine Staffelung des BMI bis maximal 29 mit steigendem Alter.

Es muss natürlich jeder für sich entscheiden, ob er sich mit dem Gewicht ans Alter anpassen oder der Jugend in jeder Beziehung hinterherlaufen möchte.
Das ist meine Meinung. Denn der verlangsamte Stoffwechsel macht es uns immer schwerer, das Gewicht zu halten. Da hilft nur sinnvoll gegenzusteuern.

Essen für die Seele

Als Kind erlernen wir vieles. Ohne das Erlernte können wir in unserer Gesellschaft nicht leben, ja teilweise nicht überleben. Irgendwann beherrschen wir unsere Muttersprache, können mit Messer und Gabel essen, lernen Reinlichkeit und rücksichtsvoll oder auch rücksichtslos mit Mitmenschen umzugehen. Wir lernen lesen, schreiben und vieles mehr. Doch nicht alles, was wir mitbekommen haben, muss gut und sinnvoll sein. Dazu gehören für mich zum Beispiel das Essen als Trost und Belohnung oder aus anderen Gründen zu benutzen.

Sicher können wir deswegen unsere Eltern, von denen wir diese Verhaltensweisen überwiegend übernommen haben, nicht verurteilen. Denn was gut oder nicht so gut gewesen ist, stellt sich oft erst Jahre später heraus.

Essen, das weiß oder besser gesagt glaubt man schon lange, tut der Seele besonders gut. Süßigkeiten sind meist das Mittel der Wahl, um schnell Trost für jedes Problem zu spenden oder zu belohnen. Süßes kommt in solchen Situationen immer gut an. Es kostet nicht viel und ist leicht zu beschaffen. Die Supermärkte sind voll davon.

Schon die Milch der Mutter schmeckt leicht süßlich. Gleich nach der Geburt haben wir gelernt, dass Wärme, Mutterliebe, beschützt und satt werden mit einer süßlichen Flüssigkeit der vollkommene Zustand ist. Wir spüren: Nichts und niemand kann mir etwas antun. Dieses Urvertrauen, dieses »Vergessen der Sorgen und Probleme« holen wir uns jedes Mal, vor allem dann, wenn nach der Stillzeit die Süßigkeiten die Alternative geworden sind, ein kleines bisschen zurück.

In jenen Momenten, in denen wir aus Frust, Stress oder anderen unguten Gefühlen wahllos alles Süße essen, fühlen wir uns wohl. Nur das Essen beherrscht dann noch unser Denken. Alle Sorgen sind für einen kleinen Moment vergessen. Aber nur für diesen kurzen Augenblick. Danach kommt die Wut auf uns selbst, wieder mal versagt zu haben, die Scham sich nicht beherrschen zu können. Ein Gefühl der Traurigkeit und die Frage macht sich in einem breit: Warum schaffe ich es nicht?

Ob die Vernunft irgendwann die Oberhand bekommen wird, ist schwer zu sagen. Das hängt in großem Maße davon ab, ob man bereit ist, an sich zu arbeiten oder nur eine schnelle Abnahme erreichen will.
Ich bin der Meinung, niemand isst ganz ohne Grund viel zu viel und wird deshalb immer dicker. Jeder Mensch hat seine Baustellen im Leben, und jeder braucht etwas, um sie auf irgendeine Art zu kompensieren. »Ich esse so viel, weil es mir so gut schmeckt«, ist meiner Erfahrung nach nie der wahre Grund.

Ich versuche mittlerweile ganz erfolgreich, Alternativen zum Abbau von Frust und Stress sowie als Trost für mich zu finden. Dazu habe ich mir die Frage gestellt: Was außer Essen würde mir guttun? Vielleicht gibt es Dinge, die sogar mehr Freude bereiten, als immer nur zu essen.
Finden Sie heraus, was Ihnen vielleicht sogar mehr Spaß machen könnte, als zu Essbarem zu greifen. Vielleicht spricht Sie die eine oder andere der folgenden Anregungen an. Probieren Sie aus, was Ihnen zusagt:

- Nordic Walking oder ein anderer Sport.
- Shoppen gehen ohne Kaufrausch.
- Ein Schläfchen machen, denn oft ist Heißhunger ein Zeichen für Müdigkeit.
- 2 Gläser Wasser trinken (Heißhunger kann ein Hinweis auf Wassermangel im Körper sein).
- Ein Bad nehmen (wenn Zeit dazu ist).
- Ich liebe Cappuccino – eine riesengroße Tasse hat wenig Fett, ist etwas süß und füllt den Magen. Und im Café kann ich mich wunderbar von meinem Kummer ablenken lassen.
- Einen tollen Film anschauen.
- Musik hören.

- Pläne schmieden (zum Beispiel Wohnung umräumen oder renovieren, Garten oder Balkon umgestalten, Urlaub planen für irgendwann mal, Essenspläne machen).
- Meditation.
- Yoga oder andere Entspannungstechniken erlernen.
- Oder einfach an einen einsamen Ort gehen und seine Wut, Trauer oder was auch immer es sein mag, herauslassen, und zwar aus Leibeskräften.

Sicher gibt es noch andere Möglichkeiten. Aber um diese zu finden, ist Ihr Einsatz und Ihre Fantasie gefragt.

Essen und genießen ohne Reue

Die 30-g-Fett-Methode ist keine Diät. Sie dürfen alles essen, es gibt keine Verbote für bestimmte Lebensmittel. Natürlich heißt das nicht, dass Sie alles wie bisher in jeder Menge essen können. Aber das ist Ihnen sicher auch klar. Irgendetwas muss schon anders sein als das, was bis jetzt auf dem Speisezettel stand. Alles ist erlaubt, wenn es in Ihren täglichen Ernährungsplan mit 30 bis 35 Gramm Fett hineinpasst. Wenn Sie Fett einsparen bei der Auswahl der Lebensmittel und bei der Zubereitung, sind Sie auf einem guten Weg. Manchmal genügt es schon, nicht zu viel Öl in die Pfanne zu geben – ein bis zwei Teelöffel, anstatt drei Runden mit der Flasche über die Pfanne zu ziehen. Sparen Sie sich oder reduzieren Sie das zusätzliche Butterflöckchen von 100 Gramm, das Sie lange Zeit unter das Essen gerührt haben. Mit einer bewussten Auswahl an fettarmen Alternativen bringen Sie mengenmäßig nicht weniger auf den Teller, dafür weniger Fett und weniger Kalorien, was aber mit Sicherheit genauso gut schmeckt oder sogar noch besser.

Die vielen Rezepte in diesem Buch beweisen es. Denn Sie schmecken jetzt das Aroma von Gemüse, Fleisch oder Brot und nicht nur das Fett. Das gilt auch für viele andere Lebensmittel. Meiner Erfahrung nach, können Sie sich bald gar nicht mehr vorstellen, diese Mengen an Fett von früher noch zu verzehren.

Zwar braucht der Körper unbedingt Fett, es ist aber auch ein Geschmacksträger. Doch der vermeintlich bessere Geschmack erhöht sich nicht mit der Fettmenge, die im Essen landet.

Es ist natürlich alles Geschmackssache oder einfach nur Gewohnheit. Wer abnehmen will, sollte etwas verändern. Ihre Lieblingsgerichte können Sie zum größten Teil weiterhin genießen. Es reicht oft schon aus, ein paar kleinere Änderungen vorzunehmen, damit Sie trotzdem satt werden und abnehmen.

Ohne Reue zu genießen ist möglich. Essen Sie, wann Sie wollen und was Sie wollen, solange Sie bei 30 Gramm Fett pro Tag bleiben. Genießen Sie reuelos besondere Anlässe mit sämtlichen Leckereien. Denn an einem Tag in der Woche dürfen Sie ALLES essen, was Ihr Herz begehrt (siehe ab S. 59).

Bewegen und entspannen

Glauben Sie auch, dass Sport das Wichtigste beim Abnehmen ist? Dass man ohne Sport nicht abnimmt? Und Entspannung unwichtig ist, weil sie eher das Abnehmen behindert? Sicher kennen Sie diese Sprüche. Vergessen Sie's! Nichts davon stimmt. Ich habe mich vom Gegenteil überzeugen lassen.

Dennoch sind Sport und Bewegung für mich sehr unterschiedliche Dinge. Mit Sport verbinde ich immer noch körperliche Höchstleistungen. Also mit schweißtreibenden Aktivitäten, nach denen man vollkommen erschossen auf einer kleinen Holzbank sitzt und nach Luft japst.

Bewegung ist hingegen etwas, was ich selber steuere und es nur mache, solange sie nicht in Stress ausartet. Bewegung soll etwas spürbar Gutes für mich und meinen Körper sein. Nichts, wozu ich mich widerwillig zwingen muss. Bewegung, die ich so betreibe, wie ich es will. Schnell oder etwas langsamer. So, dass ich Spaß habe und sich meine Laune, meine Energie und mein Körpergefühl spürbar verbessern.

Ob Sport oder Bewegung, suchen Sie sich zur Unterstützung Ihres Abnehmprogramms etwas aus, das zu Ihnen passt. Egal, was Sie wählen – von Gartenarbeit, flottem Gehen, Schwimmen, Radfahren, Tanzen über den großen Hausputz bis hin zum Bergsteigen, Wandern, Bäume fällen oder dem Besuch im Fitnessstudio ist alles möglich – Hauptsache, es gefällt Ihnen und macht Ihnen auch Freude.

Sport oder Bewegung, wenn irgendwie machbar, bringt den langsamsten Stoffwechsel wieder in Schwung. Doch ist weder das eine noch das andere nicht möglich, halten Sie sich nur an die 30-g-Fett-Methode. Das Abnehmen dauert dann nur etwas länger.

Häufig höre ich: »Abends bin ich so erledigt, da kann ich nur noch auf der Couch liegen. Ich bin den ganzen Tag auf den Beinen. Zählt

das denn gar nicht? Trotzdem zwinge ich mich mehrmals in der Woche zum Sport.«
»Ich glaube, ich schaffe es nicht abzunehmen, lange halte ich das wahrscheinlich nicht durch.«

Sicher geht es manchem anderen Übergewichtigen auch so. Man ist schon nach einem ganz normalen Tag am Ende seiner Kraft. Ob nun aus beruflichen oder körperlichen Gründen. Für viele ist am Ende des Tages Sport kaum noch möglich. Und damit wird auch gleich das Abnehmen als »AUSSICHTSLOS« angesehen. Denn überall heißt es, dass ohne Sport nichts geht.

So dachte ich damals auch, und ich habe so manchen Abnehmversuch aus diesem Grunde abgebrochen. Irgendwann war mein Gewicht dann so hoch, dass ich froh war, noch laufen zu können. An Sport war dann überhaupt nicht mehr zu denken. Strecken von 500 Metern waren da schon eine Herausforderung.

Ich versichere Ihnen: Es ist möglich! Auch Sie schaffen es. Abnehmen geht auch ohne Sport, wenn es wirklich nicht möglich ist! Doch die Abnahme ohne Sport wird langsamer verlaufen und viele Vorteile, die der Sport bietet, kommen Ihnen nicht zugute. Das sollten Sie sich immer wieder vor Augen führen und ganz genau überlegen, ob Sport wirklich nicht möglich ist. Oder ob es nur die Bequemlichkeit ist, die vom Sporttreiben abhält. Vieles klappt, wenn wir es wirklich wollen.

Gesundheitliche Vorteile von Sport:
- Sport fördert den Muskelaufbau, der das Abnehmen unterstützt. Denn nur Muskeln verbrennen Fett.
- Sport ist ein Antidepressivum, das die Stimmung aufhellt.
- Sport fördert die Herzgesundheit, weil er die Durchblutung erhöht.
- Sport senkt den Blutdruck.
- Sport senkt den Blutzucker.
- Sport fördert die Fettverbrennung.
- Sport stärkt das Immunsystem.
- Menschen, die Sport treiben, haben nachweislich seltener Krebs.
- Krafttraining fördert den Knochenerhalt.
- Sport strafft die Haut.

Jeder Gang macht schlank

Wie wichtig ist Bewegung zum Abnehmen nun wirklich? In diesem Zusammenhang spreche ich bewusst von Bewegung und nicht von Sport. Wer sich an das Motto hält: Jeder Gang macht schlank, unterstützt garantiert ganz nebenbei das Abnehmen.

Gemeint sind damit die täglichen Schritte, die wir machen. Der Weg zur Mülltonne, der Weg von einem Stockwerk zum nächsten. Der Weg zum Einkaufen, die Hunderunde.

Es wird empfohlen, täglich 10000 Schritte zu gehen, um Bewegung in den Alltag zu integrieren. Alles, was ein paar Schritte mehr auf Ihr Bewegungskonto bringt, ist willkommen.

Ein paar Beispiele, die Sie beliebig ergänzen können:
- Das Auto von Zeit zu Zeit stehen lassen.
- Kürzere Wege hin und wieder zu Fuß gehen.
- Treppen selber laufen, anstatt die Kinder zu schicken oder die Rolltreppe zu benutzen.
- Ein abendlicher Gang um den Block.

- Einen kleinen Umweg auf dem Nachhauseweg machen.

Das alles ist Bewegung.

Ein Schrittzähler zur Motivation

Es gibt mittlerweile in jeder Preislage Schrittzähler, die als Armband oder mit einem Band um den Hals getragen werden können. Außerdem gibt es diverse Apps, eine vielleicht, die schon auf dem Smartphone vorinstalliert ist. Andere Apps gibt es kostenlos zum Herunterladen im Internet. Diese Schrittzähler registrieren jeden Schritt. Einige berechnen zusätzlich den Kalorienverbrauch, zeigen die Uhrzeit an und haben je nach Modell noch diverse andere interessante Funktionen.

Die Kosten für einen Schrittzähler betragen drei Euro bis zu mehreren Hundert Euro. Der mittlere Preis für ein gutes Modell für das Handgelenk liegt zwischen 50 und 100 Euro.

Ich habe auch einen Schrittzähler und finde diesen wirklich sehr motivierend. Sie haben Ihre gelaufenen Schritte im Auge und gehen öfter, weil Sie daran erinnert werden, noch ein paar Schritte oder Wege zusätzlich. Der Ehrgeiz wird geschürt, den 10 000 Schritten so nahe wie möglich zu kommen oder sogar zu übertreffen. So haben Sie ohne eine Sporteinheit eingelegt zu haben, trotzdem etwas für sich, Ihre Gesundheit und Figur getan. Und das haben Sie vielleicht noch nicht einmal als Bewegung bewusst registriert.

Probieren Sie es aus! Sie werden sehen, wie inspirierend es ist zu verfolgen, wie viele Schritte Sie an einem einzigen Tag gegangen sind. Mir geht es sogar so, dass ich abends noch einmal um den Block gehe oder einige Wege, die ich sonst nicht gegangen wäre, zusätzlich laufe, um die empfohlenen 10 000 Schritte täglich zu schaffen.

Entspannen
Wenn Sie körperlich und/oder psychisch erschöpft sind und sich zum Sport zwingen, ist das Stress pur. Und der bewirkt, dass der Stoffwechsel herunterfährt und damit weniger Kalorien verbrannt werden.
Viele Berufe sind mit viel Stress verbunden. Und gerade in diesen Berufen (zum Beispiel in Pflegeberufen) gibt es auffällig viele Übergewichtige. Diese Menschen bewegen sich mit Sicherheit genug, doch gleichzeitig haben sie zu viel Stress.

Menschen, die extrem viel Stress haben, empfehle ich dringend: Machen Sie, wenn möglich, zwischendurch eine Pause von 15 Minuten, besser sind 30 Minuten. Versuchen Sie kurz zu entspannen. Das fördert das Abnehmen mehr, als auch noch die letzte freie Minute des Tages mit Sport zu verplanen. In solchen Situationen ist es besser, Sport nur an freien Tagen zu treiben.

Entspannung muss jedoch nicht nur auf der Couch liegen bedeuten. Das kann auch ein gemütlicher Spaziergang sein, ein schönes Bad, Musik hören oder Entspannungsübungen machen. Wunderbar wäre Qigong, Meditation, autogenes Training, Entspannung nach Jacobsen oder Yoga. Etwas ganz anderes ist auch möglich: lesen, schwimmen, basteln oder ein anderes entspannendes Hobby. Alles hilft, was Sie mit Ruhe und Freude machen können.

Bewegung und Entspannung, Yin und Yang.
Beides im Wechsel ist das Beste, was man für sich und zum Abnehmen tun kann.

Sich selbst motivieren

Kann man sich selbst motivieren? Das ist ja wie bei Münchhausen. Sich selbst an den Haaren aus einem (Motivations-)Loch herausholen? Wie soll das gehen?
Tja, wenn es so einfach wäre, hätten wir nie Probleme im Leben. Leider ist dem nicht so. Oft fehlt die Motivation, um etwas zu tun, was wir doch eigentlich wollen, zum Beispiel das Abnehmen für

eine gute Figur oder das Putzen, weil wir ein schönes Heim haben wollen. Oder früh aufstehen, weil wir für ein gutes Leben Geld verdienen möchten.
Doch ohne Motivation werden wir es im Leben schwer haben. Es gibt eine ganz simple und für mich die beste Motivationshilfe, die vielleicht auch Sie unterstützen kann. Ich sage mir immer wieder:

Ich mache es nur für mich
und ich schaffe es auch,
weil ich es will.

Vielleicht werden Sie jetzt lächeln und sagen: »Klar will ich es und selbstverständlich mache ich alles nur für mich. Was soll denn daran neu und motivierend sein?«
Doch wenn Sie sich mit diesem Satz einmal genauer befassen, bemerken Sie, dass man den Inhalt zwar als Selbstverständlichkeit ansieht, aber im Grunde eigentlich will, dass ein anderer Mensch einem diesen Wunsch erfüllt.

Jedes kleine Kind sagt oft genug: »Ich will!« Doch eigentlich verlangt es, dass ihm jemand den Wunsch erfüllt.
Und: Ich mache es für mich. Das ist ein oft benutzter Spruch, aber kommt er wirklich tief in mir drinnen an?

Vieles machen wir eben nicht für uns, sondern für andere. Oder besser gesagt, damit andere mit mir »zufrieden« sind? Das fängt schon im Kleinkindalter an. Wenn wir nicht essen wollten, was wurde dann gesagt? Ein Löffel für Mama, ein Löffel für Papa …
Oder wenn wir nicht aufräumen wollten, womit wurden wir ermuntert: Dann ist die Oma (oder wer auch immer) ganz traurig.
Oder haben wir in der Schule bewusst für uns gelernt? Bestimmt nicht. Wenn wir eine gute Note bekamen, haben wir eine Belohnung dafür bekommen.
Vieles im Leben haben wir immer für jemanden getan, und wenn es für den Arzt war, damit er mit uns zufrieden ist.

Mal ehrlich, wann machen wir nur etwas für uns? Und das aus tiefster innerer Überzeugung heraus und ohne eine Belohnung oder ein Lob zu erwarten?

Seit ich das alles begriffen habe, laufe ich auch bei Regen. Mache nur noch das, was mir guttut. Ohne Ausreden, weil ich es nur für mich mache. Und das kann mir niemand abnehmen. Denn ich sage mir: »Ich will! Ich will! Ich will!«

Positive Affirmationen
Neben meinem Willen habe ich die Macht der Affirmationen für mich entdeckt. Eine Affirmation ist nichts anderes als eine bejahende Aussage oder ein positiv formulierter Satz. Mithilfe von Affirmationen können Sie sich selbst beim Abnehmen und Durchhalten unterstützen. Sie geben dem Unterbewusstsein eine völlig neue Orientierung. Wenn man sie regelmäßig und immer wieder aufsagt, verändern sich zunächst die Denkgewohnheiten. Diese sind wichtig, da die Gedanken den Gefühlszustand und schließlich die Verhaltensweisen und Entscheidungen beeinflussen. Hier ein paar Beispiele:

- Ich schaffe es, weil ich es nur für mich mache.
- Ich esse nur, was gut für mich ist.
- Ich erlaube mir, jede Woche einen Chaostag einzulegen.
- Ich halte mich jeden Tag an die 30-g-Fett-Methode und fühle mich jeden Tag wohler und fitter.
- Mein Körper freut sich immer mehr auf die gesunde Ernährung.
- Es ist gut für mich, viel Wasser zu trinken.
- Ich genieße es, mich zu bewegen.
- Ich esse jeden Tag Gemüse und Obst, weil es mit guttut.
- Ich freue mich darauf, schlank zu sein.

Ausreden, nichts als Ausreden

Oh, wie gerne wenden wir sie an. Sie sind etwas Wunderbares und wir lieben sie seit unserer frühesten Jugend. Sie sind uns genauso lieb wie Schokolade, Chips, Pommes, Bratwurst oder Pizza. Jedes Jahr kommen neue Ausreden dazu und irgendwann ist der Fundus riesengroß. Und es fällt uns auch genauso schwer, sie im Schrank zu lassen und nicht zu »benutzen« wie die besagten Leckereien.

Doch warum benutzen wir sie immer wieder? Aus Angst, aus Scham, aus Bequemlichkeit oder aus purer Faulheit? Jeder benutzt sie. Kleine oder große Ausreden, die fast schon Lügen gleichkommen. Und das merkwürdige ist, wir glauben jedes Mal, dass es niemand merkt, wenn sie über unsere Lippen kommen.

Gemeint sind Gründe, warum wir wieder nicht abnehmen konnten. Nicht gemeint sind wirkliche Gründe, die aber auch keine Ausreden sind. Es sind die nicht vorhandenen Gründe, die wir immer wieder erfinden. Die Frage ist nur: Warum mache ich das? Ich will doch abnehmen. Und ich weiß genau, dass ich es alleine tun muss. Denn niemand kann das Abnehmen für mich übernehmen.

Denken Sie einmal darüber nach, wenn Sie wieder nach einer Ausrede suchen, warum Sie das gesunde Essen oder die zusätzliche Sporteinheit auf »Morgen ganz bestimmt« verschieben wollen.

Die folgenden Ausreden kennen Sie sicher. Doch mal ganz ehrlich, wenn Sie diese lesen, klingen sie logisch oder gar glaubwürdig?

- Heute habe ich keine Zeit dafür.
  Ich denke für das, was uns wichtig ist, haben wir immer Zeit.
- Um Abzunehmen muss ich mich erst einmal mit dem Programm beschäftigen.
  Bei der 30-g-Fett-Methode müssen Sie sich nicht lange mit dem Programm auseinandersetzen. Das wenden schon Kinder im Vorschulalter an. Sie verstehen es in wenigen Minuten.
- Ich habe diese Woche eine Einladung.
  Das macht doch nichts. Niemand muss Unmengen bei einer Feier essen. Gehen Sie zum Essen hin oder wegen der Menschen, die Sie dort treffen? Nachschlag müssen Sie sich nicht nehmen. Bei einem warmen Essen die Sauce und das Dressing mit Vorsicht genießen.
  Bei einer großen Auswahl die fettarme Variante wählen.
  Bei Kuchen nach einem Stück aufhören.
  Beim Alkohol NEIN sagen.
  Oder die Feier zum Chaostag erklären.
- Nach dem Urlaub (Weihnachten, Ostern, Pfingsten, Geburtstag, Hochzeit) fange ich an. Diese Anlässe wird es jedes Jahr wieder geben.
- Bei meinem Job weiß ich nicht, wie ich das hinbekommen soll.
  Die 30-g-Fett-Methode gibt nicht vor, wann und was Sie essen sollen. Es kann fast alles bleiben wie bisher, solange das Essen fettarm ist.
- Ich kann nicht abnehmen, weil ich Vorräte für Familie und Kinder haben muss. Das verführt mich zu sehr.
  Gesundes Essen ist für jeden geeignet. Vorräte an Süßigkeiten und Naschereien muss niemand haben. Diese gehören nicht zur normalen täglichen Ernährung. Zudem kann jeder, der ein Problem mit gewissen Nahrungsmitteln hat, Loyalität von seinem Umfeld verlangen.
- Ich bin in den Wechseljahren, da kann man nicht abnehmen.
  Stimmt insofern, als es mit dem Älterwerden nicht leichter wird, Pfunde zu verlieren. Doch es geht.

Kennen Sie den Spruch? Alle sagten: »Das geht nicht.« Dann kam einer, der wusste das nicht und hat's einfach gemacht.

Vielleicht haben Sie andere Gründe für Ausreden? Doch es gibt immer eine Lösung. Vor allem gibt es keinen besseren Zeitpunkt als JETZT. Denn es wird immer etwas sein. Aber auch diese »Anlässe« muss man meistern können. Denn, wenn nichts mehr ist, ist man tot.
Die Ernährung umzustellen, die alten Muster nach und nach zu verändern, mehr zu trinken, mehr Bewegung in den Alltag zu bringen, leichter, gesünder und zufriedener zu werden. Einfach ist das nie. Doch am Ende lohnt es sich durchzuhalten.

Mit Ausreden werden Sie nicht weit kommen. Je länger Sie warten, umso länger sind Sie dick und unzufrieden.
Ich vergleiche es mal mit einem tollen Angebot für ein Auto. Sie möchten es jetzt unbedingt haben, weil Sie schon so lange davon träumen: Also setzen Sie alles in Bewegung, das Objekt Ihrer Begierde endlich zu bekommen. JETZT und nicht erst irgendwann.
In unserem Fall ist dieses Angebot: die Traumfigur, die Beweglichkeit, die Gesundheit, die bessere Lebensqualität. Sicherlich gibt es noch weitere Gründe.

Lassen Sie sich diese Chance doch nicht entgehen. »Das kann ich immer noch haben«, ist kein Argument. Denn das Leben geht weiter, keinen Tag können Sie zurückholen. Ein gutes Angebot kommt vielleicht irgendwann einmal wieder. Das Leben nicht.

Werfen Sie alle Ausreden über Bord! Ab heute gibt es keine mehr! Sie starten jetzt, denn heute ist der beste Tag.

ERFOLGSREZEPT – DIE 30-G-FETT-METHODE

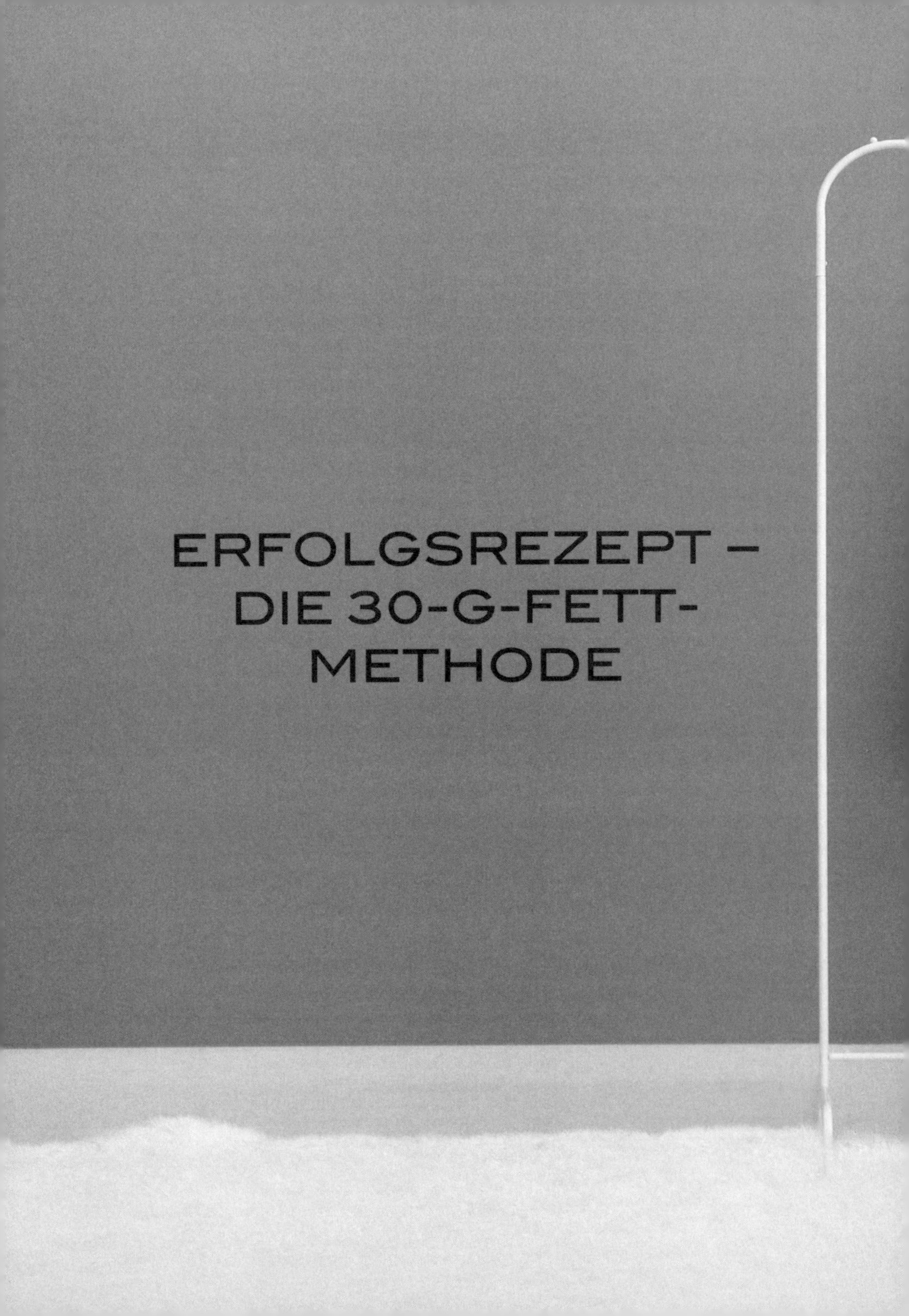

Die ewige Suche nach dem Wundermittel

Unangenehme, anstrengende oder zeitraubende Dinge lassen wir, wenn möglich, am liebsten von anderen erledigen. Diese Unterstützung nimmt jeder gerne immer wieder an. Da das Abnehmen leider auch langwierig und anstrengend ist und außerdem hier und da mit Verzicht oder Unbequemlichkeiten verbunden ist, suchen viele Übergewichtige händeringend nach Unterstützung oder gar einem Wundermittel, das uns die Tortur des Abnehmens nicht nur erleichtert, sondern möglichst ganz erspart. Da wäre es doch wunderbar, wenn es etwas gäbe, das uns die Mühe des Abnehmens so weit wie möglich abnimmt.

In der heutigen Zeit gibt es für alles eine schnelle Lösung. Eine Pille, ein Shake, eine Operation oder sonst etwas, das ohne unser Zutun schnell und beinahe »automatisch« erledigt wird.
Auf der ganzen Welt wird fieberhaft in alle Richtungen geforscht, doch den wirklichen Durchbruch hat es für Übergewichtige bedauerlicherweise noch nicht gegeben, auch wenn uns das Frauenzeitschriften, die Pharma- und Lebensmittelindustrie jedes Jahr aufs Neue weismachen wollen. Immer wieder tauchen neue Wunderdiäten, Drinks, Pillen, Lebensmittel als erfolgversprechende Fatburner auf, die angeblich jedes überflüssige Pfündchen ganz leicht dahinschmelzen lassen. Alles ohne unser Zutun versteht sich. Es werden Milliarden für Träume vom Schlanksein und Dinge ausgegeben, die schlank, sexy, jung und gesund machen sollen. Das Geschäft mit den Übergewichtigen boomt und ist mittlerweile der größte Markt der Welt. Da ist jedes Mittel und jede »Lüge« recht. Übergewichtige kaufen alles, auch wenn es noch so sinnlos ist. Der Preis spielt dabei keine Rolle.

Auch ich habe das Spielchen viele Jahre mitgemacht, teilweise mit lebensgefährlichen »Wundermitteln«.

Seriöse Mediziner bestätigen immer wieder, dass es nichts gibt, was uns schlank macht. Das kann nur jeder selber tun.

Oder gibt es doch ein Zaubermittel?
Ja, es gibt eines! Doch dieses ist für den größten Teil der »Schlankheitsindustrie« vollkommen uninteressant. Denn damit kann niemand viel Geld verdienen. Sie bekommen es so gut wie kostenlos. Sie müssen sich nur dafür entscheiden. Es ist etwas, das Ihre Gesundheit und die Ihrer Familie fördert. Sicher wissen Sie schon ziemlich genau, was ich meine. Was am Ende wirklich Erfolg und Zufriedenheit beschert, ist einfach:

Gesundes Essen!
Ausreichend trinken!
Sich so viel wie möglich bewegen!

So hat die Menschheit seit Jahrtausenden überlebt und so werden auch Sie mit hoher Wahrscheinlichkeit am besten und gesündesten abnehmen und leben. Und das nicht nur für ein paar Wochen, sondern für den Rest Ihres Lebens.

Wenn eines der oben genannten Wundermittel wirklich helfen würde, wären wir alle schlank und es gäbe keine Übergewichtigen mehr. Stimmt's?

Kurz und gut, ein Wundermittel gibt es nicht! Wer abnehmen will, der muss aktiv werden und selber etwas dafür tun. Jeder Übergewichtige, der das begriffen hat, hat den ersten großen Schritt in Richtung Wunschgewicht gemacht.

Es hat eben auch Vorteile über vierzig zu sein. Fast jeder hat bis zu diesem Alter viele Abnehmversuche hinter sich oder Diäten ausprobiert. Doch der ersehnte Erfolg war nur von kurzer Dauer. Und bei jeder neuen Diät war man fest davon überzeugt, dass das endlich der Durchbruch ist. Irgendwann erkennen Sie aber, dass nicht alle Wunschträume erfüllt werden. Aus eigener Erfahrung rate ich Ihnen:

Nehmen Sie Ihr Leben selbst in die Hand, glauben Sie an sich! Nur Sie können das Wunder vollbringen. Ab sofort lautet Ihre Devise – ICH WILL!

Die 10 häufigsten Fragen

Fragen, die mir zu dieser Methode immer wieder gestellt werden:

1 Was ist ein Fettpunkt?
1 g Fett ist auch 1 Fettpunkt.

2 Woher weiß ich, wie viel Fett Lebensmittel haben?
Auf jeder Lebensmittelverpackung ist auf der Rückseite eine Nährwerttabelle abgedruckt (siehe S. 48). In der Spalte Fett können Sie den Fettgehalt pro 100 g des Lebensmittels genau ablesen.
Beispiel: Hat der gewählte Käse laut Nährwerttabelle pro 100 g 16 g Fett, dann hat 1 Scheibe à 25 g genau 4 g Fett.
Den Fettanteil unverpackter Lebensmittel können Sie mit verpackten ähnlichen Produkten gleichsetzen.
Darüber hinaus gibt es Bücher (auch von mir) zum Nachschlagen sowie Internetseiten und Apps zum Informieren, zum Beispiel www.fddb.de (auch als App).

3 Muss ich jeden Tag 30 g Fett essen?
Man sollte täglich 30 bis 35 Gramm Fett zu sich nehmen. Ausnahmsweise können es auch mal weniger Fettpunkte sein – das sollte aber nicht die Regel sein. Noch weniger Fett zu essen steigert nicht die Gewichtsabnahme.

4 Muss ich auch Sport treiben, um mit der 30-g-Fett-Methode abzunehmen?
Sport ist gesund und unterstützt das Abnehmen. Sollte aus körperlichen oder gesundheitlichen Gründen kein Sport möglich sein, nehmen Sie mit der Methode auch ab – nur langsamer.

5 Muss ich immer nur Wasser trinken?
Nein. Alle Getränke sind erlaubt. Trinken Sie möglichst zucker- und alkoholfreie Getränke. Auch wenn diese kein Fett enthalten, behindert der darin enthaltene Zucker beziehungsweise der Alkohol das Abnehmen enorm.

6 Ist die 30-g-Fett-Methode auch für Diabetiker, Vegetarier, Schwangere und bei Lebensmittelunverträglichkeiten geeignet?

Ja. Denn diese Ernährungsform ist keine Diät. Es werden auch keine Lebensmittel verboten oder vorgeschrieben. Jeder isst das, was er mag und essen darf – möglichst in Absprache mit dem behandelnden Arzt.

7 Muss ich alles aufschreiben, was ich esse?

Nein. Es ist jedoch von Vorteil, sich die gegessenen Fettpunkte kurz zu notieren; so haben Sie über den Tag einen wesentlich besseren Überblick.

8 Was ist der Chaostag?

An einem Chaostag können Sie alles essen, was Sie mögen. Er nimmt den Druck des ewigen Gefühls verzichten zu müssen. Er hält den Stoffwechsel in Schwung. Das Abnehmen klappt besser, und Einladungen oder Feste kann man mit allem, was angeboten wird, ohne Reue genießen.

9 Für wen ist die 30-g-Fett-Methode nicht geeignet?

Für Veganer ist diese Methode nicht die erste Wahl, da diese viele Lebensmittel mit den darin enthaltenen wichtigen Nährstoffen nicht essen. Um das zu kompensieren, werden Nüsse, Samen und viel Öl verzehrt. Das passt aber nicht in das FETTSPARPROGRAMM. Bitte in diesem Fall mit Ihrem Arzt sprechen.

10 Gibt es Unterstützung, wenn ich es nicht alleine schaffe?

Ja. Ich habe diverse Abnehmgruppen, die Sie besuchen können. Ich biete verschiedene Online-Programme, ein Forum, mehrere Facebook-Gruppen und Abnehmurlaub an.

Endlich etwas Alltagstaugliches!

Es gibt viele Diäten und Methoden zum Abnehmen. Die meisten richten sich an junge Leute, deren körperliche Leistungskraft relativ hoch ist und die teilweise noch keine Familie zu versorgen haben. Oft sind diese Diäten zudem noch mit dem Zubereiten spezieller Gerichte, dem Besorgen besonderer Lebensmittel, die nicht überall erhältlich sind, verbunden. Auch die täglichen Sporteinheiten erfordern Zeit – und Zeit ist bei den meisten Menschen knapp.

Doch welche Möglichkeiten haben Menschen mittleren Alters, die weder Zeit übrig haben noch körperlich diesen Ansprüchen genügen können? Und die vielleicht vorab gleich abwinken, weil sie glauben, Abnehmen und Alltag sind für sie nicht leicht unter einen Hut zu bringen.

Die 30-g-Fett-Methode ist daher eine gute Alternative, da diese Ansprüche nicht erhoben werden. Und sie ist absolut alltagstauglich, denn:

- Die Gerichte kann die ganze Familie essen.
- Alle Lebensmittel gibt es in jedem Supermarkt.
- Es gibt keine Vorgaben, zu welcher Zeit man essen muss. Wann und was gegessen wird, entscheiden Sie allein.
- Es gibt keine Vorgaben, was Sie nicht essen dürfen. Was Sie nicht mögen oder aus gesundheitlichen Gründen nicht essen dürfen, essen Sie eben nicht. Daher ist die Methode für jeden geeignet (außer für Veganer, da diese viele Nährstoffe nur über fettreiche Lebensmittel bekommen).
- Sport kann, muss aber nicht sein, wenn die körperlichen Voraussetzungen nicht gegeben sind. Allerdings wird empfohlen, sich so viel wie möglich zu bewegen.

Der Grundgedanke der 30-g-Fett-Methode

Gesund abnehmen mit allem, was der Körper braucht. Weder Nahrungsergänzungsmittel noch andere zusätzliche Maßnahmen sind nötig.

Mit der Methode seinen persönlichen Weg zum Wunschgewicht finden – ohne Gebote, Verbote oder starre Vorgaben.

Ungünstige Angewohnheiten für Gewicht und Gesundheit in kleinen Schritten verändern, ohne den Alltag umkrempeln zu müssen. Alles auf eine Art, die lebenslang umsetzbar ist.

Am Ende das Gewicht mit der gleichen Ernährungsform halten. Dafür wird sie nur etwas aufgestockt.

Jeder Anwender kann und muss selbstverantwortlich handeln.

Über Vierzigjährige haben verstanden, dass nichts von alleine geht. Jeder muss es selber tun.

Die 3 Säulen der 30-g-Fett-Methode

1 Gesundes Essen

Gesund abnehmen will jeder Übergewichtige. Aber was ist gesund? Die Meinungen der Experten gehen da weit auseinander. Vielleicht ist es Ihnen auch schon einmal aufgefallen, dass das, was einmal vollkommen ungesund war, jetzt doch wieder gesund ist und umgekehrt. Beste Beispiele dafür sind Butter, Spinat, Kaffee, Bier oder Hühnerei.

Mich interessieren diese ständigen Neuerungen nur noch am Rande. Die Grundregeln einer gesunden Ernährung sind für mich entscheidend und das, was mir und meinem Körper guttut. Das hat sich in den letzten zehn Jahren für mich als sinnvoll herausgestellt, weil ich mit Erfolg abgenommen und das Gewicht gehalten habe.
Das ist natürlich Ihre Entscheidung. Nur: Lassen Sie sich nicht jedes Jahr aufs Neue von den »neuesten Forschungsergebnissen« verrückt machen. Ich mache dieses Spiel nicht mehr mit und seitdem habe ich Erfolg beim Abnehmen und Gewichthalten.

Das Gute an gesunder Ernährung ist, dass wenig verarbeitete Lebensmittel meistens schon von Natur aus fettarm sind. Hier ein paar Beispiele.

Fettarme Sattmacher

Satt essen dürfen Sie sich ohne Fettberechnung daran:

- **Grüne Smoothies**
  Grünes Blattgemüse mit Früchten und eventuell Wasser cremig aufgemixt schmeckt gut und enthält wichtige Vitalstoffe sowie zahlreiche gesunde Pflanzenstoffe, die lange satt machen. Rezeptbeispiele gibt es ab Seite 99.

- **Kartoffeln und Kartoffelprodukte**

Sie enthalten weder viele Kohlenhydrate noch viele Kilokalorien.
100 g Kartoffeln haben:
0,4 g Fett • 14,9 g Kohlenhydrate • etwa 70 kcal

Eine Zugabe von Fett muss extra berechnet und dazugezählt werden. Die bessere Wahl: Kartoffeln mit Quark, mit magerem Fisch, mit Geflügel oder Gemüse kombinieren.
Kartoffeln sättigen nachgewiesener Weise am meisten von allen Lebensmitteln. Sie sind eine kalorienarme Alternative zu Nudeln, die pro 100 g 360 Kalorien haben, wenn auch nur 1,5 g Fett.

- **Gemüse – alle Sorten**

Es hat bis auf wenige Ausnahmen fast kein Fett. Es sättigt gut und spendet viele lebenswichtige Inhaltsstoffe. Experten empfehlen drei Portionen pro Tag – gegart und als Rohkost. Avocado, Mais und Oliven aber am besten mit Augenmaß genießen, sie enthalten mehr Fett als das meiste Gemüse und müssen deshalb auch berechnet werden.

- **Salat – alle Sorten**

Alle Sorten sind möglich. Die Salatsauce dazu muss extra berechnet werden.

- **Hülsenfrüchte**

Sie liefern viele Ballaststoffe, die langfristig sättigen und für einen konstanten Blutzuckerspiegel sorgen. Zudem sind sie reich an sättigendem pflanzlichem Eiweiß. Kichererbsen jedoch möglichst mit Augenmaß genießen, ihr Fettanteil wird berechnet.

Mit Augenmaß dürfen Sie genießen:

- **Obst**

Es ist wie Gemüse Lieferant von Vitaminen, Mineralstoffen und sekundären Pflanzenstoffen – die fördern die Gesundheit. Experten raten zu zwei Portionen am Tag. Eine Portion entspricht einer Handvoll. Obst enthält natürlicherweise Zucker, je reifer, desto mehr. Orangen und Äpfel sättigen gut. Grapefruits enthalten Bitterstoffe, die den Insulinspiegel senken und Heißhunger vorbeugen können. Banane, Mango und Wassermelone enthalten dagegen zu viel Zucker.

- **Getreide**

Vollkornbrot, Haferflocken, Grieß und andere Getreideprodukte wie Naturreis, Bulgur, Dinkel oder Vollkornnudeln in kleinen Mengen genießen. Wenn möglich, stets die Vollkornvariante bevorzugen. Vollkornprodukte sättigen länger, da sie viele Ballaststoffe liefern – wesentlich mehr als Weißmehlprodukte. Zudem sind die enthaltenen Mineralien und Vitamine wichtig für die Gesundheit.

- **Magere Milchprodukte**

Fettarmer Joghurt enthält 0,1 g Fett und 3,6 g Eiweiß auf 100 g.
Fettarmer Quark enthält je nach Sorte pro 100 g:
0,2 g Fett, 11 g Eiweiß und nur rund 50 Kilokalorien. Zudem hat er einen positiven Nebeneffekt: Er ist reich an L-Leucin, einer Aminosäure, die in bestimmten Mengen das Abnehmen unterstützt.
Fettarmer Käse ist eiweißreich und reich an Kalzium. Daher sättigt er gut und das enthaltene Kalzium ist gut für die Knochen.

- **Mageres Fleisch und Geflügel**

Fleisch ist ein wichtiger Lieferant für hochwertiges Eiweiß, Vitamine und Eisen – alles notwendige Bestandteile einer gesunden Ernährung. Schweinefleisch wird oft zu Unrecht als Dickmacher bezeichnet. Es enthält aber durchschnittlich nicht mehr Fett als Rindfleisch. Verwenden Sie magere Stücke wie Filet, Kotelett oder Steaks. Bei Geflügel beispielsweise Hähnchenbrustfilet oder Putenbrustfilet.
Fettgehalt zum Vergleich:
100 g Putenschnitzel liefern 1,0 g Fett und 93 Kalorien.
100 g Nackensteak liefern 14,5 g Fett und 212 Kalorien.

- **Magerer Fisch**

Fisch ist reich an hochwertigem tierischem Eiweiß und je nach Sorte reich an Omega-3-Fettsäuren. Das Eiweiß sättigt gut und anhaltend. Die Omega-3-Fettsäuren sind wichtig für einen gut funktionierenden Stoffwechsel. Fettgehalt zum Vergleich:

100 g Wildlachs liefern 2,4 g Fett und 100 Kalorien.
100 g Lachs liefern ca. 14,0 g Fett und ca. 200 Kalorien.
Beachten Sie die Angaben der Hersteller, die sehr unterschiedlich sein können.

Merke!
Brot, Nudeln, Reis und fettarme Süßigkeiten enthalten wenig Fett, dafür viele Kalorien. Diese deshalb in kleinen Mengen genießen. Bei der 30-g-Fett-Methode werden zwar keine Kalorien gezählt, doch Sie sollten diese Tatsache im Auge behalten, wenn Sie erfolgreich abnehmen möchten.

2 Ausreichend trinken

Etwa 1,5 bis 2 Liter Flüssigkeit sollten Sie über den Tag verteilt trinken. Doch mehr muss es nicht sein. Wasser regt den Stoffwechsel an und sorgt für eine gute Verdauung, für eine möglichst faltenarme Haut und lässt das Gehirn optimal arbeiten. Und: Mit einem Glas Wasser erreichen Sie kurzfristig eine gewisse Sättigung, ohne zu essen.
Zu viel trinken kann dem Körper schaden. Es gilt: Viel hilft nicht viel. Ausgenommen natürlich bei starkem Schwitzen.
Ob diese Trinkmenge wichtig zum Abnehmen ist oder nicht, ist sehr umstritten. Meine Erfahrung und die der vielen erfolgreichen Anwendern der Methode ist:

Wer 1,5 Liter, besser noch 2 Liter Flüssigkeit am Tag trinkt, nimmt besser ab.

Es muss aber nicht nur Wasser sein, denn das ist nicht jedermanns Sache. Mir ging es auch lange Zeit so. Daher empfehle ich Ihnen:

- Probieren Sie verschiedene Sorten Wasser mit und ohne Kohlensäure aus, die es im Getränkehandel gibt.
- Testen Sie auch einmal das Leitungswasser, wenn es Trinkwasserqualität hat.
- Trinken Sie aromatisiertes Wasser. Das können Sie nach Geschmack selber zubereiten (siehe S. 95).
- Kaffee und Tee können Sie bis zu zwei Bechern am Tag mit berechnen.
- Säfte oder andere gesüßte Getränke als Schorle trinken.
- Light Getränke

VORSICHT: Sie können Heißhunger auslösen, wenn man sie zwischen den Mahlzeiten trinkt. Also beobachten Sie Ihre Reaktion darauf.

- Energydrinks und Alkohol besser nicht trinken. Diese Drinks strotzen vor Zucker, Koffein und Kalorien. Und Alkohol bremst die Fettverbrennung.
- Probieren Sie auch mal einen Gemüsesaft. Der sättigt, hat wenig Kalorien, viele Vitamine und Mineralien, teilweise aber auch viel Zucker und/oder Salz. Also vor dem Kauf die Zutatenliste auf der Verpackung genau lesen, ob das Produkt geeignet ist.

3 Bewegung – mindestens 30 Minuten

Wer abnehmen will, sollte nicht nur weniger Kalorien aufnehmen, als er verbraucht, sondern auch durch Bewegung Kalorien verbrennen. Das ist logisch, und das kann jeder nachvollziehen.

Wenn es aus gesundheitlichen Gründen nicht unmöglich ist und der Arzt grünes Licht gibt, sollten Sie sich so viel wie möglich bewegen. Tun Sie nur das, was Ihnen Spaß macht oder am ehesten möglich ist. Niemand muss joggen oder sich im Fitnessstudio plagen. »Jeder Gang macht schlank«, ist meine Devise (siehe S. 24). Besser ist es, so oft es geht spazieren zu gehen, als einmal im Monat das große Programm durchzuziehen. Ich bevorzuge Nordic Walking, und das fast täglich. Doch auch jede andere Art der Bewegung ist gut.

Bewegung oder Sport begünstigen das Abnehmen positiv. Abgesehen davon fördert Bewegung die Gesundheit und aktiviert den Stoffwechsel. Wer es irgendwie ermöglichen kann, sollte sich diesen Gefallen tun. Keine Pille ist so effektiv wie Bewegung. Und solange die Aktivität in einem normalen Rahmen bleibt und Extremsport vermieden wird, hat sie garantiert keine Nebenwirkungen.

Dreimal in der Woche 30 Minuten einen flotten Spaziergang machen, das ist das Minimum an Bewegung – das empfehlen auch Ärzte. Jeden zweiten Tag Sport treiben wäre besser und jeden Tag natürlich noch besser. Doch nach vielen Jahren des Nichtstuns sollten Sie Ihr Bewegungsprogramm langsam angehen. Besprechen Sie sich mit Ihrem Arzt und dann erst fangen Sie an. Passende Anregungen finden Sie ab Seite 22 und 77.

Fettarm wählen, Fettpunkte zählen

Die wichtigste Säule beim Abnehmen ist allerdings das richtige Essen. Mit der 30-g-Fett-Methode reduzieren Sie Ihren »normalen« Fettverzehr auf das nötige Mindestmaß. Sie essen kaum weniger an Menge als vorher, dafür fettärmer. Dadurch sparen Sie durchschnittlich 1000 Kilokalorien pro Tag ein.

30 bis 35 Gramm Fett am Tag sind zum Abnehmen unbedingt nötig. Diese Fettmenge braucht der Körper für den Stoffwechsel, für die Verdauung, für die Funktionen sämtlicher Organe und die Leistungsfähigkeit des Gehirns. Noch weniger Fett ist nicht empfehlenswert. Wenn der Körper nicht regelmäßig alle wichtigen

Nährstoffe in ausreichender Menge erhält, schaltet der Stoffwechsel um. Die Folge: Man nimmt nicht ab.

Jedes Lebensmittel hat einen gewissen Fettanteil. Orientieren Sie sich dabei an der Fetttabelle ab Seite 251 und an den Nährwertangaben auf den Lebensmittelverpackungen. Kartoffeln, Gemüse, Salat und Obst werden nicht berechnet. Zugaben von Fett bei der Zubereitung müssen Sie jedoch extra berechnen. Alle anderen verzehrten Fettpunkte notieren Sie sich möglichst gleich nach jeder Mahlzeit. Dabei sollten Sie 30 bis 35 Gramm am Tag nicht überschreiten. Gelegentliche Schwankungen von 5 Fettpunkten nach unten oder oben sind unproblematisch.

Welche Lebensmittel mit wie viel Fettpunkten berechnet werden, ist schnell erlernt. Wenn Sie erfahren haben, dass zum Beispiel jede Scheibe Brot oder Toast, jedes Brötchen 1 Fettpunkt, Ihr Lieblingskäse 4 Fettpunkte pro Scheibe und die Wurst 1 Fettpunkt hat, wissen Sie das auch morgen noch.

Merke!
1 g Fett entspricht 1 Fettpunkt.

Jeder Deutsche isst statistisch gesehen täglich 150 g Fett. Das ist zu viel. Bei »meiner Methode« wird die Fettmenge auf 30 Gramm gesenkt. Dabei wird nicht weniger gegessen, sondern anders, das heißt fettärmer. So sparen Sie täglich 120 g Fett ein. Rein rechnerisch bedeutet das:

1 g Fett liefert 9,3 Kilokalorien.

Werden 120 g Fett pro Tag eingespart, isst man
120 x 9,3 = 1116 Kilokalorien weniger.

Pro Woche ist das eine Einsparung von
1116 x 7 = 7812 Kilokalorien.

Fazit:
Um 1 Kilogramm abzunehmen, müssen Sie rund 7000 Kilokalorien weniger essen oder zusätzlich verbrennen.

Beim Sport verbrennen Sie je nach Art der Bewegung etwa 400 Kalorien pro Stunde.

Wie Sie Fett bei der Auswahl der Lebensmittel einsparen können, verdeutlichen diese beiden Beispiele:

1. Fettreiches Essen

1 Brötchen	1 Fettpunkt
Butter oder Margarine (1 gestr. TL = 4 Fettpunkte) Für 2 Brötchenhälften braucht man mind. 4 TL	16 Fettpunkte
Eine Hälfte mit 1 Scheibe Käse (ca. 30 g, 45 % Fett)	9 Fettpunkte
Zweite Hälfte mit 1 Scheibe Salami (ca. 20 g)	6 Fettpunkte
Summe Fettpunkte	**32 Fettpunkte**

2. Fettarmes Essen

1 Brötchen	1 Fettpunkt
Frischkäse als Aufstrich (0,2 – 6 % Fett) 4 TL davon, genau wie im oberen Beispiel	0 Fettpunkte
Eine Hälfte mit 1–2 TL Honig oder Marmelade bestreichen	0 Fettpunkte
Zweite Hälfte mit 1 Scheibe Lachsschinken, gekochtem Schinken, Corned Beef, Geflügelaufschnitt oder Putenzwiebelmett (ca. 20 g)	1 Fettpunkt
Summe Fettpunkte	**2 Fettpunkte**

Damit keine Missverständnisse entstehen, bei der 30-g-Fett-Methode wird Fett verwendet, nur sparsamer und möglichst gesunde Pflanzenfette wie Rapsöl, Olivenöl, Kokosöl oder Leinöl. Tierische Fette grundsätzlich so sparsam wie möglich essen.

Die Fetttabelle beachten
Auf der Rückseite der Verpackungen von Lebensmitteln ist neben der Zutatenliste eine Nährwerttabelle abgedruckt. Um zu entscheiden, ob ein Lebensmittel geeignet ist oder nicht, studieren Sie die Angaben in der Spalte FETT ganz genau.

Beispiel: Speisequark, mager

Nährwerte	pro 100 g	pro 250 g
Brennwert	300 kj	750 kj
	72 kcal	180 kcal
Fett	0,3 g	0,8 g
Kohlenhydrate	3,2 g	8,0 g
Eiweiß	13,5 g	33,8 g

Wenn Sie 100 g mageren Quark essen möchten, berechnen Sie entsprechend der Tabelle 0,3 g Fett, also 0,3 Fettpunkte.
Neben den Angaben bezogen auf 100 g oder 100 ml gibt es noch Hinweise auf: pro Portion, pro Scheibe oder pro g. Beachten Sie diese erst auf den zweiten Blick und rechnen Sie genau nach. Außerdem: Jeder Hersteller versteht unter »1 Portion« eine andere Menge.

Zur Fettberechnung unverpackter Lebensmittel nehmen Sie die Fetttabelle ab Seite 251 zu Hilfe oder schauen zum Beispiel im Internet unter www.fddb.de nach. Da sind fast alle Lebensmittel mit ihren Nährwerten gelistet.

Wie viele Fettpunkte pro Mahlzeit?

Wie viele Fettpunkte Sie pro Mahlzeit essen, bleibt Ihnen überlassen. Jeder hat täglich eine »Hauptmahlzeit«, die ihm besonders wichtig ist. Für diese reservieren Sie sich die meisten Fettpunkte – bei mir ist es das Mittagessen. Ich gestehe mir für diese Mahlzeit etwa 15 Fettpunkte zu. Doch entscheiden Sie selbst, wo bei Ihnen der Schwerpunkt liegen soll!

Wer seine »Lieblingsmahlzeit« möglichst mit allem, was er braucht genießt, wird zu anderen Tageszeiten mit einer geringeren Menge an Fettpunkten auskommen. Wie Sie die anderen Fettpunkte verteilen, sollten Sie ausprobieren. Es ist alles erlaubt.
Möchten Sie Ihre »Hauptmahlzeit« abends einnehmen, vielleicht weil Sie keine andere Möglichkeit haben, können Sie das gerne tun. Ich habe es auch manchmal gemacht und trotzdem weiterhin abgenommen.

Und ob Sie drei, vier oder fünf Mahlzeiten täglich zu sich nehmen, ist ebenfalls Ihre Entscheidung. Halten Sie sich an das, was optimal zu Ihnen und Ihrem Tagesablauf passt. Denn darüber sind sich die Experten auch nicht wirklich einig. Nur eines sollten Sie unbedingt berücksichtigen:

Machen Sie zwischen den Mahlzeiten Essenspausen. Denn nach jeder Mahlzeit steigt der Insulinspiegel im Blut an und die Fettverbrennung wird gestoppt.

Wenn Sie sich ständig etwas in den Mund stecken, ist der Insulinspiegel immer erhöht und das Abnehmen verläuft langsamer. Es dauert jedes Mal eine gewisse Zeit, bis dieser nach dem Essen wieder abgesunken ist. Vier bis fünf Stunden Pause zwischen den

Mahlzeiten wären optimal. Das klappt vielleicht nicht gleich. Aber Sie können es trainieren. Machen Sie nach und nach etwas längere Pausen zwischen den Mahlzeiten. Das bringt Sie allmählich dazu, nur zu den von Ihnen festgelegten Essenzeiten zu essen. Wann diese Pausen sind, entscheiden Sie.

Eiweiss, Kohlenhydrate und Vitalstoffe

Neben dem Reduzieren der täglichen Fettmenge liegt bei der 30-g-Fett-Methode der Fokus auf einer »gesunden Ernährung«. Das bedeutet, dass Sie sich auch mit den anderen lebenswichtigen Nährstoffen Eiweiß und Kohlenhydrate sowie mit Vitalstoffen versorgen müssen. Je älter Sie werden, umso wichtiger ist eine Ernährung mit allen Nährstoffen.

Eiweißquellen auf einen Blick

Tierische Eiweißlieferanten

Fleisch – 20 % Eiweiß

Wurst – 10 % bis 20 % Eiweiß
- Kochschinken
- geräucherter Schinken
- magere Geflügelwurst

Fisch – 15 % bis 22 % Eiweiß
- Thunfisch
- Forelle
- Zander
- Seelachs
- Scholle
- Kabeljau
- Seezunge
- Krabben
- Shrimps
- Garnelen

Milch und Milchprodukte – 3 % bis 4 % Eiweiß
- Sind ebenfalls bedeutende Eiweißlieferanten und liefern außerdem bestimmte Vitamine und Mineralstoffe.

Eiweiß: Eine regelmäßige Eiweißzufuhr ist wichtig, weil Eiweiß ein Baustein aller Lebewesen ist und zahlreiche Aufgaben im Körper übernimmt. Bei der Auswahl der Eiweißlieferanten kommt es auf die Menge und die Qualität des Proteins an.

Milch und Milchprodukte, fettarmes Fleisch und fettarmer Fisch sowie Eier sind gute tierische Eiweißlieferanten. Der Eiweißbedarf sollte sowohl durch tierisches als auch pflanzliches Eiweiß gedeckt werden.
Gute pflanzliche Eiweißlieferanten sind Brot, Getreideflocken, Kartoffeln und Hülsenfrüchte. Tierische Eiweißlieferanten enthalten aber auch Fett, deshalb kommt es bei deren Auswahl auf die Fettmenge an. Eiweißhaltige Lebensmittel machen schneller satt als die kohlenhydrat- und fettreichen. In der Übersicht auf dieser Seite finden Sie Beispiele für Eiweißlieferanten.

Käsesorten – 20 % bis 35 % Eiweiß
- Parmesan
- Schnittkäse (z. B. Edamer, Gouda)
- Harzer Käse
- Kochkäse
- Schmelzkäse
- Weichkäse (z. B. Camembert, Limburger, Romadur)

Pflanzliche Eiweißlieferanten

Gemüse – 20 % bis 25 % Eiweiß

Hülsenfrüchte (z. B. Bohnen, Erbsen und Linsen)

Sojabohnen – 37 % Eiweiß

Brot – 5 % bis 8 % Eiweiß

Generell gilt: Immer die fettarme Variante wählen.

Kohlenhydrate: Neben Fett tragen sie zur Deckung des täglichen Energiebedarfs bei. Der Körper verbraucht ständig Energie – für die Atmung, den Herzschlag, den Stoffwechsel und eine konstante Körpertemperatur sowie für zusätzliche körperliche Aktivitäten. Gemessen wird diese Energie in Kilojoule oder Kilokalorien. Ohne Kohlenhydrate können Eiweiß und Fett nicht optimal im Körper verwertet werden. Kohlenhydrate machen den größten Teil der Ernährung aus. Besonders gesund ist, wenn das tägliche Essen reich an sogenannten Mehrfachzuckern ist. Die sind in ballaststoffreichen und stärkereichen Lebensmitteln wie Gemüse, Obst, Produkten aus Vollkorngetreide, Hülsenfrüchten und Kartoffeln enthalten. Positiver Nebeneffekt dabei ist der hohe Sättigungswert aufgrund der vielen Ballaststoffe und Wasser. Und der geringe Fettgehalt dieser Lebensmittel beeinflusst das Abnehmen positiv. Ständige Hungergefühle bleiben aus.

Vitalstoffe: Zu den Vitalstoffen gehören Vitamine und Mineralstoffe. Beide kann der Körper nicht selber herstellen und müssen täglich mit den Lebensmitteln aufgenommen werden.

Vitamine: Man unterscheidet fettlösliche und wasserlösliche Vitamine.

Fettlösliche Vitamine
Vitamin A: unterstützt die Sehfähigkeit.
Vitamin D: sorgt für gesunde und harte Knochen.
Vitamin E: für Haut und Nervensystem.
Vitamin K: für die Blutgerinnung.

Wasserlösliche Vitamine
Vitamin B_1: beeinflusst Energie- und Kohlenhydratstoffwechsel.
Vitamin B_2: beeinflusst den Eiweiß- und Energiestoffwechsel.
Vitamin Biotin: für Haut und Haare.
Vitamin B_6: unterstützt das Nervensystem.
Vitamin B_{12}: für die Blutbildung.
Folsäure: beteiligt an der Zellneubildung.
Vitamin C: Schutz vor Zellschädigung.

Mineralstoffe: Es gibt Mineralstoffe die beim Abnehmen eine Sonderrolle haben. Dazu gehört beispielsweise Kalzium.

Kalzium: für Zähne und Knochen. Es ist auch beteiligt an der Blutgerinnung und dem Nervensystem.
Quellen: Milch und Milchprodukte, Grünkohl, Fenchel, Brokkoli, Lauch, Hülsenfrüchte, Nüsse.

Magnesium: für Knochen, Herz, Muskulatur, Nerven und Zähne.
Quellen: grünes Gemüse wie Spinat, Geflügel, Fisch, Meeresfrüchte, Honig, ungeschälte Erdnüsse.

Phosphor: sorgt mit Kalzium für die Festigkeit von Knochen und Zähnen. Zur Aufrechterhaltung des pH-Wertes. Alle Zellen benötigen Phosphor.
Quellen: Ei, Milch, Geflügel, Käse.

Eisen: Baustein des roten Blutfarbstoffs, Blutbildung, Bestandteil von Enzymen.
Quellen: Fleisch, Brot, Wurstwaren, Spinat, Erbsen.

Jod: Als Bestandteil der Schilddrüsenhormone beeinflusst es den Energieumsatz, fördert Teilung und Wachstum von Zellen.
Quellen: Seefisch, Jodsalz.

Natrium und Chlorid: Für die Regulation des Wasserhaushalts, aktiviert Enzyme.
Natriumquellen: Meersalz, Milch, Käse, Wurst, Meeresfrüchte.
Chlorid wird durch die Nahrung in Form von Kochsalz aufgenommen und beeinflusst fast alle Stoffwechselvorgänge, unter anderem den Wasserhaushalt. Außerdem spielt es eine Rolle in der Regulation des Säure-Basen-Haushalts.

Kalium: Für die Regulation des Wasserhaushalts und Reizweiterleitung.
Quellen: Bananen, Trockenobst, Spinat, Champignons, Sonnenblumenkerne, Pfirsiche, Rosinen, Erdnüsse.

Kalzium und Fettverbrennung

Eine aktuelle Studie der Laval-Universität in Kanada legt den Verdacht nahe, dass Kalzium eine wichtige Rolle bei der Fettverbrennung spielt. Oder anders ausgedrückt: Kalziummangel ist erheblich beim Dickwerden beteiligt. Die Studie zeigte, dass Übergewichtige, die während der Abnahme rund 1200 Milligramm zu sich nahmen, fünf Kilogramm mehr verloren als eine Kontrollgruppe, die bis auf die Kalziumzufuhr exakt das gleiche Abnehmprogramm absolviert hatte.

Diese Studie untermauert, was viele Wissenschaftler schon länger vermuten: Zur Fettverbrennung benötigt der Körper Kalzium und Vitamine. Hat der Körper zu wenig Kalzium, ist die Fettverbrennung gestört. Anstatt Fett abzubauen, lagert es sich an den typischen Problemzonen an.

Das soll seinen Ursprung bereits in der Steinzeit haben. Schon damals war ein Zuwenig an Kalzium ein Indiz für eine drohende »Hungersnot«. Der Körper fuhr daraufhin den Stoffwechsel herunter und legte gleichzeitig Fettdepots für schwere Zeiten an. Daran hat sich bis heute nichts geändert. Nimmt man zu wenig Kalzium zu sich, glaubt der Körper an eine »Hungersnot« und trifft entsprechende Vorsichtsmaßnahmen.

Doch bevor Sie zu dem Schluss kommen, dass ein erhöhter Konsum von Milch und anderen kalziumhaltigen Produkten zu einem spielerischen Gewichtsverlust führt, sollten Sie Folgendes wissen: Die empfohlene Höhe der Kalziumzufuhr liegt bei einem Erwachsenen zwischen 1000 und 1200 Milligramm. Alles, was darüber hinausgeht, wird vom Körper wieder ausgeschieden. Insofern sollten Sie darauf achten, keinen Kalziummangel zu erleiden. Und das sollte bei einer ausgewogenen Ernährung zu schaffen sein.

Die Kalziumaufnahme im Körper wird durch milchsäurehaltige Lebensmittel wie Sauerkraut und Vitamin-C-reiche Früchte oder Fruchtsäfte gefördert.

Kalziumgehalt einiger ausgewählter Lebensmittel

2 Scheiben Emmentaler (45 % Fett i. Tr.)	60 g	660 mg
2 Scheiben Edamer (40 % Fett i. Tr.)	60 g	480 mg
2 Scheiben Gouda (45 % Fett i. Tr.)	60 g	480 mg
1 Portion Camembert (45 % Fett i. Tr.)	60 g	360 mg
3 EL geriebner Parmesan	30 g	360 mg
1 Glas Trinkmilch (1, 5 % Fett)	200 ml	240 mg
1 Glas Buttermilch	200 g	220 mg
1 Becher Joghurt (1,5 % Fett)	150 g	195 mg
1 Portion Hähnchenbrustfilet	150 g	21 mg
1 Portion Kassler	150 g	9 mg
1 Portion Rinderfilet	150 g	5 mg
1 Portion Grünkohl	200 g	354 mg
1 Portion Brokkoli	200 g	224 mg
1 Portion Fenchel	200 g	218 mg
1 Portion Mangold	200 g	206 mg
1 Portion Lauch	200 g	185 mg
1 Portion Kartoffeln	200 g	12 mg
1 Orange	200 g	84 mg
1 Portion Brombeeren	150 g	68 mg
1 Portion Himbeeren	150 g	60 mg
2 Kiwis	120 g	46 mg
2 Mandarinen	120 g	40 mg
1 Banane	100 g	8 mg
1 Apfel	100 g	7 mg
3 Scheiben Weizenvollkornbrot	150 g	45 mg
3 Scheiben Pumpernickel	150 g	32 mg
1 Portion Haferflocken	50 g	27 mg

Quelle: DGE-Infoblatt Essen und Trinken bei Osteoporose (2006).

Sicher haben Sie schon einmal bemerkt, wenn Sie sich ein paar Tage von Fast Food ernährt haben, welche Auswirkungen das hat. Ständig Heißhunger trotz gesteigerter Kalorienzufuhr, schlechte Laune, Kopfschmerzen und Konzentrationsprobleme, um nur einige Folgeerscheinungen zu nennen.

Vitamine und Mineralstoffe haben im Körper unzählige Aufgaben, unter anderem sind sie auch an der Verwertung von Nährstoffen beteiligt. Essen Sie abwechslungsreich und ausgewogen, so wie es die 30-g-Fett-Methode vorsieht, dann sollte kein Mangel entstehen. Bringen Sie täglich möglichst frische und naturbelassene Lebensmittel auf den Tisch. Und wenn Sie sich regelmäßig im Freien bewegen, kommt auch das Vitamin D nicht zu kurz.

Nahrungsergänzungsmittel sind daher nur in seltenen Fällen und nach Absprache mit dem Arzt erforderlich.

Wer kann mich wie unterstützen?

Sicher kennen Sie das Zitat: Gemeinsam sind wir stark! In einer Kurklinik ist es nicht schwer, nach einem Abnehmprogramm zu leben. Es gibt Pläne, die einzuhalten sind. Und sie ist ein geschützter Raum mit festen Regeln.
Wieder zu Hause angekommen, stehen wir jedoch alleine vor Entscheidungen wie:

- Was kaufe ich ein?
- Fettarme oder die bisherigen lieb gewonnenen Lebensmittel wählen?
- Bewegung oder Couch?
- Gesund kochen oder doch einfach was »Schnelles« auf die Hand.
- Süßes bevorraten oder nicht?

Das private Umfeld
Sehen Sie sich einmal in der Familie, bei guten Freunden und netten Bekannten oder vielleicht sogar Kollegen um, ob diese Sie unterstützen oder gar mit Ihnen gemeinsam den Pfunden den Kampf ansagen würden. Denn etwas wirklich konsequent durchzuführen, fällt fast jedem schwer. Vielleicht machen Sie jemandem sogar eine große Freude mit Ihrem Angebot.

Vor allem in der häuslichen Umgebung sollten Sie, wenn nötig, Unterstützung einfordern. Auch dann, wenn zuerst Antworten wie diese kommen:

- Das schmeckt bestimmt nicht.
- Das ist nicht unser Problem.

Fordern Sie Verständnis ein. Gerade Frauen kümmern sich um fast jedes Problem in der Familie, weil es jedem gut gehen soll. So weit wie möglich wird für das Wohlbefinden aller gesorgt. Um Ihr Vorhaben in die Tat umzusetzen, sind Sie einmal dran. Kämpfen Sie für sich und Ihre Bedürfnisse. Wenn es sein muss, auch mit deutlichen Worten.
Denn Unterstützung, Motivation und vielleicht bei »Bedarf« den Tritt in den Allerwertesten sind Gold wert.

Mein Schlüssel zum Erfolg war mein ältester Sohn Christian. Er motivierte mich täglich, fettarm zu kochen und zum Laufen.

Sich mitteilen zu können, seinen Ärger äußern, wenn es mal nicht so läuft, die Freude bei guten Ergebnissen mit jemandem teilen oder ein Ratschlag im richtigen Moment – das sind nicht zu unterschätzende Hilfen. Denn jeder Mensch braucht Lob und auch mal Kritik!

Mitstreiter suchen
Überall wird Unterstützung und Motivation angeboten. Nehmen Sie die Angebote wahr. Gründen Sie eine Abnehmgruppe von »Nie wieder dick«. So haben Sie regelmäßig Gleichgesinnte im Boot. Ich

Das biete ich Ihnen an Unterstützung:

- **Ich habe zwei Online-Programme.**
- **Hier geben Sie wöchentlich Ihre Meldung ab. Sie wählen zwischen dem PREMIUM-Programm mit persönlicher Betreuung und dem LIGHT-Programm, in dem ich wöchentlich Ihre Fragen beantworte.**
- **Oder kommen Sie zu mir zu einem »Abnehmurlaub an der Nordsee«.**
- **Kostenlos habe ich ein »Nie wieder dick Forum« und eine große »Nie wieder dick Gruppe« bei Facebook. Dort sind schon Erfolge bis zu 60 Kilogramm Abnahme zu verzeichnen gewesen.**

unterstütze Sie gerne mit Material und Informationen, damit Sie und andere Ihr Ziel erreichen. Sie müssen nicht schon schlank sein. Mir ist es wichtig, dass Sie als Gruppenleiter selbst auf dem Weg zum Wunschgewicht sind. Denn wer mitten im Thema steckt, ist einfach nah dran. Ich gebe Ihnen gerne weitere Auskünfte. Schreiben Sie mich unter niewiederdick@gmx.de an oder besuchen Sie meine Internetseite: www.niewiederdick.info.

Alleine können Sie es auch schaffen. Doch gemeinsam fällt das Durchhalten leichter.

Wenn Ihnen die Bewegung schwerfällt, weil der innere Schweinehund immer wieder dazwischen kommt, sollten Sie sich vielleicht in einem Verein, einer Gruppe oder im Fitnesscenter anmelden. Aber nur dann, wenn Sie einen festen Termin für den Sport brauchen und ein gewisses Maß an Freude daran haben.
Sich in einem Sportstudio anzumelden, wenn Sie überhaupt keine Lust oder Zeit haben, bringt meiner Erfahrung nach kaum etwas.

Dann sollten Sie lieber täglich einen flotten Spaziergang einplanen, als sich zweimal im Monat mühsam zu etwas zwingen, was Ihnen einfach nicht gefällt.

Ich bin eher der spontane Typ, der täglich rausgeht, wenn es mir gerade passt – unter Umständen noch spätabends. Andere brauchen einen Termin, um wirklich auch was zu tun. Ich nicht.
Das entscheiden Sie selbst.

Chaostage helfen weiter

Abnehmen ist eine tägliche Herausforderung, die viel Kraft und Selbstdisziplin verlangt. Auch dann, wenn die 30-g-Fett-Methode keine wirklichen Verbote kennt. Und mit den Jahren werden wir allmählich diätmüde, wir haben immer weniger Lust, uns auch noch beim Abnehmen reglementieren zu lassen. Im Alltag sind Sie voll eingespannt, hetzen von Termin zu Termin, jeder will etwas von Ihnen und dabei bleiben Sie oft genug auf der Strecke.

Zu all diesen Bemühungen dann auch noch rigoros eine Diät durchziehen, um ganz schnell abzunehmen, weil es heute einfach ins Bild gehört, schlank, sportlich und aktiv zu sein, bringt einen an den Rand seiner Möglichkeiten. Doch es muss sein. Irgendwie werde ich es schon schaffen, sagen Sie sich.

Nach wenigen Tagen kommt aber mit ziemlicher Sicherheit die »Sehnsucht« nach den gewohnten Kleinigkeiten, die es vor der Umstellung immer wieder gab. Erst jetzt bemerken Sie, wie schwer es ist, daran vorbeizugehen. Und auch das fällt Ihnen erst jetzt so richtig auf.

Ob zu Hause, auf der Arbeit oder unterwegs, auf Schritt und Tritt werden Snacks, Riegel und Getränke angeboten, denen wir kaum widerstehen können. Wenn wir mal wieder abnehmen wollen, erst recht nicht. Denn Verbotenes ist wesentlich reizvoller als alles, was erlaubt ist. Es ist zum Verzweifeln!

Der Mensch ist seit Urzeiten so programmiert, alles, was sich an Essbarem bietet mitzunehmen. (Wer weiß, wann es das nächste Mal etwas gibt?) So war es seit Jahrtausenden, und das war auch sinnvoll, um das Überleben zu sichern.

Verlockungen überall

Das Überangebot an Nahrung in der westlichen Welt hat es in der Geschichte der Menschheit wahrscheinlich noch nie gegeben. Es verführt dazu, ständig gegen unsere Natur anzukämpfen. Dem standzuhalten ist nicht so einfach. Hinzu kommt, dass die Lebensmittelhersteller mit allen Mitteln versuchen uns zu verführen. Es werden künstliche Duftstoffe eingesetzt, sodass wir schon von Weitem wie die Bienen nach der »Blüte« suchen. Die Zusatzstoffe in den Produkten, die Verpackung und die Werbung erledigen den Rest.

Möglichst nur am Chaostag genießen:

- Süßigkeiten, Kuchen, Kekse, Chips, Nüsse.
  Süßes in Kombination mit viel Fett, also Schokolade, Kuchen und Kekse, sind besonders ungünstig für den Körper, da es in der Natur keine Nahrungsmittel in dieser Kombination gibt und die Evolution das Verdauungssystem nicht darauf ausgerichtet hat.
- Fette Milchprodukte wie Sahne, Milch 3,5 % Fett und mehr), Käse (45 % Fett i. Tr., Joghurt und Quark über 1,5 % Fett i. Tr.).
- Fettes Fleisch, z. B. Bauchfleisch, Nackenfleisch, Würste, Haxen.
- Fettes Geflügel, z. B. Gans und Ente.
- Fetter Fisch, z. B. Aal, Hering, alle geräucherten Fische, Lachs.
  Es gibt einige Sorten, die sehr fettreich sind und deren Fett als gesund gilt. Gesund sind die sogenannten

Bei jeder Gelegenheit wird etwas zum Essen und Trinken angeboten. Lehnen wir ab, werden wir, gerade wenn die Figur etwas fülliger ist, regelrecht genötigt, doch heute ausnahmsweise zuzugreifen. Kaum jemand kann so konsequent sein, sich ständig dagegen zu wehren. Und so kämpfen wir täglich mit der Situation: Ich möchte gerne was Leckeres essen, ich will aber auch abnehmen, deswegen darf ich leider nicht zugreifen.

Aus diesem Grunde habe ich schon vor vielen Jahren, wenn ich mal wieder »auf Diät« war, einen Tag pro Woche zum Chaostag (siehe Übersicht auf dieser Seite) erklärt. Denn ständig hundertprozentig zu sein, das schaffe ich nicht. Diese Erkenntnis führte oft genug zum Abbruch meines Projektes – Abnehmen – mit dem Resümee: Es ist doch egal. Das schaffst du sowieso nicht.

Omega-3-Fettsäuren.
Wichtig: Achten Sie am Chaostag darauf, ob der Magen noch alles verträgt wie zuvor. Viel Fett essen, nachdem man die Ernährung auf wenig Fett umgestellt hat, kann zu Durchfällen und Magenproblemen führen.

- Weißmehlprodukte (helles Brot, Nudeln, weißer Reis, Mehl Type 405).

Wiegen Sie sich erst wieder drei Tage nach dem Chaostag. Denn am nächsten Tag werden Sie sicher mehr auf die Waage bringen. Das ist aber keine echte Zunahme, sondern zum allergrößten Teil gespeichertes Wasser. Denn jedes Gramm Kohlenhydrate speichert etwa vier Gramm Wasser. Und am Chaostag werden es sicher einige Kohlenhydrate mehr werden.
Essen Sie nach dem Chaostag wieder ganz normal nach der 30-g-Fett-Methode (am Tag danach bitte nicht zum Ausgleich fast nichts essen). Das eingelagerte Wasser geht wieder verloren. Aber das dauert zwei bis drei Tage.

Rettungsanker Chaostag

Ein schlanker Mensch kann das vielleicht nicht nachempfinden, doch für viele von uns Übergewichtigen ist dieser Tag der »Rettungsanker« beim Abnehmen. Denn Essen hat eben auch viel mit der Seele zu tun. Was bei dem einen der Schnaps oder die Zigarette ist, sind bei vielen von uns die Schokolade, die Chips oder die Bratwurst mit Pommes und Mayo.

Weder auf Fett noch Zucker achten, alles ohne schlechtes Gewissen genießen zu dürfen und die Abnahme sogar noch zu optimieren, tut einfach gut. Das ist im ersten Moment eigentlich fast zu schön, um wahr zu sein. Aber:

Der Chaostag funktioniert. Das ist tausendfach bewiesen.

Was und wie viel Sie an diesem Tag essen, ist meiner Erfahrung nach vollkommen egal. Ob zum Frühstück die heiß geliebte Butter ausnahmsweise aufs Brötchen kommt, natürlich schön dick und mit Marmelade. Ob Schweinebraten mit fetter Sauce, Pizza, ein oder zwei Gläser Wein oder Bier oder ein Stück Torte – alles ist ohne ein schlechtes Gewissen erlaubt (siehe S. 60 und 61). Sagen Sie danach bitte nicht: »Ich habe gesündigt.« Essen ist keine Sünde. Das sind ganz andere Dinge, die so benannt werden sollten.

Mittlerweile haben viele Abnehmmethoden einen Tag wie diesen im Programm, denn er hat mehrere Vorteile:

- Der Stoffwechsel wird in Schwung gehalten.
- Besonders bei Feierlichkeiten kann man alles genießen, ohne ein schlechtes Gewissen haben zu müssen.
- Nachfragen und Bemerkungen anderer, kann man sich so ersparen. Denn die hat man sich lange genug angehört.

Essen hat für die meisten Übergewichtigen einen anderen Stellenwert, als für schlanke Menschen. Es ist für unser Wohlbefinden sehr wichtig. Ein Psychologe hat mir das einmal so erklärt. Wer in seinem Leben einmal versucht hat abzunehmen, hat in seinem Unterbewusstsein ein »Diättrauma« entwickelt. Denn weniger zu

essen als zur Verfügung steht, das kannte die Menschheit nie. Essen bedeutete Überleben.
Freiwillig zu verzichten bei dem Angebot, das auch noch unsere Seele streichelt, uns tröstet und das Überleben sichert, ist vollkommen gegen die Natur.

Ein MUSS ist der Chaostag nicht. Doch Sie werden merken, dass er auf längere Sicht eine gute Sache ist.
TIPP

GESCHAFFT! ZIEL ERREICHT!

Und nun? Wie gesagt: Die 30-g-Fett-Methode ist keine Diät, sondern bei richtiger Umsetzung eine gesunde Art der Ernährung, die Sie ein Leben lang fortsetzen können. Künstliche Ergänzungsmittel benötigen Sie dabei nicht. Es sei denn, der Arzt empfiehlt sie aus vielleicht anderen Gründen. Besser und gesünder als mit dieser Methode können Sie Ihren Körper nicht versorgen. Der Abnahmeerfolg wird in der Regel nicht dem Erfolg einer Crashdiät gleichen, doch auch da gibt es extreme Unterschiede.

Ich habe mit der 30-g-Fett-Methode 57 Kilogramm in 7 Monaten abgenommen, und viele andere Anwender haben ähnliche Erfolge.

Doch was vielleicht noch wichtiger ist – mit dieser Ernährung werden oder bleiben Sie gesund. Denn schlank, aber krank ist oftmals die Folge vieler angesagter Modediäten. Diesem Hype sind Sie vielleicht wie ich in früheren Jahren gefolgt. Doch mit vierzig Jahren oder mehr glauben die meisten den Werbeversprechen dieser ultimativen, schnellen Diäten ohne eigenes Zutun zum Glück nicht mehr. Die Vorteile meiner Methode liegen auf der Hand:

- Die Blutwerte ALLER mir bekannter Anwender der 30-g-Fett-Methode haben sich wesentlich verbessert.
- Diabetiker konnten ihre Medikation reduzieren oder können danach sogar ohne Tabletten oder weniger Insulinspritzen leben.
- Leberwerte verbessern sich extrem, so auch bei mir.
- Schwangere haben während der Schwangerschaft, natürlich unter Kontrolle ihres Arztes, nicht übermäßig zugenommen. Sie sind fit und oftmals konnte auch ein Schwangerschaftsdiabetes verhindert werden, der durch das hohe Gewicht sehr wahrscheinlich gewesen wäre.
- Auch jeder, der andere Erkrankungen hat und abnehmen sollte, kann diese Methode anwenden.
  Eine Ausnahme gibt es für Veganer. Da diese ihre Ernährung mit sehr viel Fett in Nüssen und Ölen vervollständigen, weil andere Lebensmittel nicht auf dem Speiseplan stehen, sollten sie die 30-g-Fett-Methode mit äußerster Vorsicht anwenden oder eine andere Ernährungsform zur Gewichtsreduzierung wählen.
  Für Vegetarier gilt das jedoch nicht.
- Es gibt keine Vorgaben, was gegessen werden soll. Jeder isst, was er mag und essen darf. Auch hier gilt natürlich immer: Nur unter Kontrolle des behandelnden Arztes.
- Kein Lebensmittel wird verboten. Alles ist erlaubt, solange es in die 30-g-Fett-Vorgabe passt.
- Es gibt keine festen Essenspläne und auch keine vorgegebenen Essenszeiten.
- Für besondere Anlässe oder auch einfach mal bei Appetit auf etwas nicht Alltägliches mit viel Fett und/oder Zucker gibt es

den wöchentlichen Chaostag. Dieser ist kein Muss, fördert aber das Abnehmen und erleichtert das Durchhalten.
- Und wir müssen auch während des Abnehmens Fettes und Süßes nicht ständig ablehnen. Das macht das Durchhalten wesentlich leichter.

So lebe ich seit über zehn Jahren, und das klappt wirklich sehr gut.

Allerdings ist auch Eigeninitiative und Nachdenken von Vorteil. Ein Beispiel:
Unmengen von Nudeln, Frucht- oder Weingummi zu essen, weil diese kein oder fast kein Fett enthalten, ist für die Abnahme nicht von Vorteil. Kleine Mengen davon sind aber kein Problem.

30 g Fett ein Leben lang
Haben Sie auch gefühlte 100 Diäten oder Abnehmversuche hinter sich? Ich glaube, wer über vierzig ist, kann wie ich Bücher damit füllen, welche teilweise skurrilen Abnehmversuche man schon gestartet hat. Und wie lange man sie durchhalten konnte.

Da fast alle Diäten ziemlich einseitig sind und vieles verbieten, ist das Ende eines erneuten Versuchs meistens vorprogrammiert. Ist man gut, hält man ein paar Wochen oder sogar Monate durch. Klappt es gar nicht, ist nach einem Tag Schluss. Die Motivation, sich anders zu ernähren ist dann für längere Zeit mal wieder auf dem Nullpunkt, weil man einfach nicht verzichten kann und will.
Und ich merke auch: Je älter ich werde, umso weniger habe ich die Kraft, so eine Diät-Tortur mit ihren Folgen durchzustehen.

Das Leben nach der 30-g-Fett-Methode ist wesentlich entspannter. Denn Sie werden immer satt sein. Deswegen wird es weder für Sie noch für Ihre Familie und Freunde ein Problem sein, zu Hause oder im Restaurant auf dieser Basis ein Leben lang zu essen. Die meisten bemerken es nicht einmal, dass das Essen fettärmer ist. Denn schmackhaftes Essen hängt nicht grundsätzlich von der Menge des Fettes ab. Es muss nicht viel verändert werden. Niemand muss ständig nur Salat, Gemüse und Pute essen.

Keine Methode zum Abnehmen ist perfekt. Und es gibt auch nicht DIE Methode zum Abnehmen. Wäre das der Fall, wären alle Menschen so schlank, wie sie sein möchten, und das Thema ABNEHMEN hätte sich nach einer einmaligen Anwendung auf Dauer erledigt.

Im Laufe der Jahre habe ich zahlreiche »perfekte« Abnehmmethoden kennengelernt, die sich zuerst sehr vielversprechend angehört haben, jedoch nach kurzer Zeit als reine Theorie erwiesen, vollkommen ungeeignet für die Praxis waren und erst recht auf Dauer im ganz normalen Alltag.

Ich erinnere mich noch gut an die Zeit, als ich zur Schule und später in die Lehre ging. Das Abnehmen beherrschte fast meinen ganzen Tag. Denn irgendwie war ich immer auf Diät – mindestens bis nachmittags. Ich kochte extra für mich, kaufte nur für mich ein. Alles musste geplant und vorbereitet werden, Tag für Tag. Irgendwann hatte ich dazu keine Lust mehr, weil alles zu umständlich war und mich überforderte.

Meine Gedanken: Wieder versagt, wieder mal nicht geschafft. Ich bin einfach nur der Loser. Die Folge: essen, essen, essen.
Die mühsam abgehungerten Kilos waren schnell wieder drauf und das Startgewicht von vor der Diät wurde durch weitere Kilos noch getoppt. Daraus habe ich gelernt und weiß heute:

Um wirklich abzunehmen und das auf Dauer, brauche ich etwas, das für immer und nicht nur für kurze Zeit umsetzbar ist, nämlich:

- Ein Programm, das einer gesunden Ernährung entspricht.
- Ein Programm, das für meinen Alltag geeignet ist und deren Vorgaben für mich kein Problem sind.
- Es sollte kein ständiger zusätzlicher Kostenfaktor sein.

- Es sollte immer und überall ohne Probleme umsetzbar sein.
- Es sollte nicht extrem viel Sport vorschreiben, sondern Bewegung, die ich mit meinen Möglichkeiten umsetzen kann.

Nach 50 Lebensjahren und so vielen Diätversuchen habe ich die 30-g-Fett-Methode als die bestmögliche Art des Abnehmens und des Gewichthaltens für mich erkannt. Denn ich habe erlebt, dass mit Gewalt, mit Sport bis zum Umfallen, mit Hunger und »Hilfsmitteln« jeder Art das Abnehmen nicht schneller, nicht gesünder und nicht einfacher ist.

In sieben Monaten 57 Kilogramm abzunehmen und von 2007 bis 2017 bis auf vier oder fünf Kilogramm mal rauf und mal runter, ohne ständige tägliche Kraftakte vollbringen zu müssen, um das Gewicht zu halten, ist sicher ein guter Beweis dafür. Und nicht nur ich habe es geschafft, sondern auch viele andere Anwender dieser Methode.

Das Programm wurde ursprünglich in einer Klinik bei Kindern angewandt. Sogar Vorschulkinder sind schon dabei. Daher ist die Methode so einfach. Jedes Lebensmittel hat seine Fettpunkte, ohne viel abwiegen zu müssen.
Das Programm geht nicht in jedes Detail der gesunden Ernährung – das würde Kinder überfordern.

Sicher, die 30-g-Fett-Methode verlangt ein kleines bisschen Eigeninitiative, die Sie beim Einhalten allmählich erlernen und nach dem Abnehmen beim Halten des Gewichts locker umsetzen können.

Bei »meiner Methode« gibt es zwei praktikable Möglichkeiten:

1. Laut Empfehlungen der Klinik, wenn Sie keinen Chaostag brauchen oder nicht mehr brauchen, erhöhen Sie die tägliche Fettmenge auf ca. 60 Gramm. Ansonsten bleibt alles wie gehabt.
2. Seit 2007 esse ich immer noch nach den Richtlinien der 30-g-Fett-Methode – gesund, abwechslungsreich und ausgewogen.

Es werden auch schon mal 40 Gramm Fett am Tag. So genau nehme ich es nicht mehr. Zudem kann ich zwei Chaostage pro Woche einlegen und damit bin ich vollkommen zufrieden. In der Regel gilt:

1 Chaostag bedeutet abnehmen,
2 Chaostage bedeuten Gewicht halten und
3 Chaostage zunehmen.

Im Laufe der Zeit verändert sich das Essverhalten immer mehr. Jeden Tag zu einem Chaostag zu machen, wie es früher oft über Wochen bei mir war, ist heute überflüssig.

Diese Veränderung kommt natürlich nicht von heute auf morgen. Aber sie kommt. Ich bin mir ganz sicher, auch bei Ihnen wird es so sein. Haben Sie etwas Geduld. Verhaltensweisen kleben an uns wie Kleister. Es dauert eine gewisse Zeit, diese durch neue zu ersetzen.

Mit einer Ernährung, die fast alles erlaubt, fällt es Ihnen sicher gar nicht schwer. Während der Zeit des Abnehmens haben Sie sich an diese Veränderungen so gut gewöhnt, dass es keine Umstellungsprobleme mehr geben wird.

Sie haben sich bis hierher durch das Buch gearbeitet und möchten endlich loslegen? Oder sind Sie nach der Lektüre der einführenden Seiten noch etwas unsicher, ob Sie Ihre Ernährung mithilfe dieser Methode ändern möchten? Dann beginnen Sie doch ganz langsam mit einem Schnupperwochenende. Legen Sie ein Wochenende dafür fest, an dem Sie keine Termine oder sonst etwas Wichtiges vorhaben. Und wenn Sie nach diesem kleinen Test zu dem Schluss kommen: Ja, mit einer fettarmen Ernährung komme ich zurecht, dann machen Sie am Montag mit dem Wochenplan ab Seite 89 einfach weiter.

Die 30-g-Fett-Methode im Alltag

Schnuppern von Freitag bis Sonntag

Die Vorschläge für Frühstück, Zwischenmahlzeit und Abendessen sind immer für 1 Person gedacht. Wenn weitere Personen mitessen möchten, erhöhen Sie die Zutatenmengen entsprechend. Die Rezepte für die Hauptgerichte sind meistens für 4 Personen, sodass die Familie, Freunde oder Gäste mitessen können.

FREITAG: 30 Fettpunkte

Morgens:

1 Roggenbrötchen (oder ein normales Brötchen)	1 Fettpunkt
4 TL Frischkäse (16 % Fett oder Quark 20 % Fett)	3 Fettpunkte
2 TL Marmelade oder Honig	0 Fettpunkte
20 g Käse (17 % Fett oder 19 % Fett)	3 Fettpunkte
Kaffee oder Tee	

Das Brötchen aufschneiden und mit Frischkäse bestreichen. Eine Hälfte mit Marmelade oder Honig bestreichen, die andere Hälfte mit Käse belegen.

Zwischendurch 2 Gläser Wasser trinken.

Mittags:

1 Portion Spätzlepfanne mit Hähnchenbrustfilet (Rezept S. 183)	9 Fettpunkte

Zwischendurch 2 Gläser Wasser trinken.

Nachmittags:

Kaffee oder Tee	
250 g Quark (0,3 % Fett)	1 Fettpunkt
Mineralwasser	
1 Stück Obst (z. B. Apfel, Kiwi)	0 Fettpunkte
2 TL Zucker	0 Fettpunkte

Den Quark mit etwas Mineralwasser cremig rühren. Das Obst waschen, eventuell klein schneiden und mit Zucker unter den Quark rühren.

Zwischendurch 2 Gläser Wasser trinken.

Abends:

2 kleine Scheiben Vollkornbrot (à 35 g)	2 Fettpunkte
4 TL Frischkäse (16 % Fett oder Quark 20 % Fett)	3 Fettpunkte
100 g gekochter Schinken	3 Fettpunkte
2 kleine Cornichons	
Essig und etwas Wasser	
1 TL Öl	5 Fettpunkte
1 großer Salat (nach Geschmack)	

Die Brotscheiben mit Frischkäse bestreichen, mit Schinken und jeweils 1 Cornichon belegen.
Für den Salat Essig und Öl verrühren, eventuell etwas Wasser dazugeben. Den Salat putzen, waschen, zerkleinern und mit dem Essig-Öl-Dressing anmachen.

2 Gläser Wasser trinken.

Bewegung: Wann immer Sie an diesem Tag Zeit haben, machen Sie einen flotten Spaziergang von mindestens 30 Minuten.

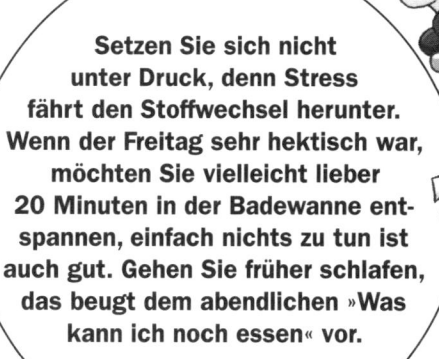

Setzen Sie sich nicht unter Druck, denn Stress fährt den Stoffwechsel herunter. Wenn der Freitag sehr hektisch war, möchten Sie vielleicht lieber 20 Minuten in der Badewanne entspannen, einfach nichts zu tun ist auch gut. Gehen Sie früher schlafen, das beugt dem abendlichen »Was kann ich noch essen« vor.

SAMSTAG: 28,5 Fettpunkte

Morgens:

30 g Haferflocken	2,1 Fettpunkte
1–2 TL Zucker	0 Fettpunkte
1 EL geschrotete Leinsamen	6 Fettpunkte
150 g Joghurt (1,5 % Fett)	2 Fettpunkte
1 Stück Obst (z. B. Birne, Nektarine)	0 Fettpunkte

Kaffee oder Tee

Die Haferflocken mit Zucker, Leinsamen und Joghurt verrühren. Das Obst waschen, klein schneiden und untermischen. Wenn Ihnen die Menge an Joghurt nicht reicht, nehmen Sie 200 g.

Zwischendurch 2 Gläser Wasser trinken.

Mittags:

1 Portion Kartoffelsalat mit Fischfrikadellen (Rezept S. 174)	5,4 Fettpunkte

Zwischendurch 2 Gläser Wasser trinken.

Nachmittags:
Kaffee oder Tee
2 Biskuit-Kokos-Bällchen — 2,4 Fettpunkte
(Rezept S. 246)

Zwischendurch 2 Gläser Wasser trinken.

Abends:
Paprikaschnitzel aus dem Ofen — 10,6 Fettpunkte
(Rezept S. 213)

2 Gläser Wasser trinken.

Bewegung: Wie wäre es mit einer Fahrradtour oder einem Besuch im Schwimmbad?

Moderate Bewegung reicht aus. Wer sportlich und körperlich fit ist, sollte 1 Stunde schaffen. Egal, wofür Sie sich entscheiden – jeder Gang macht schlank! Zur Entspannung setzen oder legen Sie sich ganz alleine irgendwohin, wo Sie ungestört sind. Schließen Sie die Augen und träumen Sie von einer schlankeren Zukunft. Stellen Sie sich bildlich vor, welche Kleidung Sie tragen möchten, was Sie machen werden, wenn die Kilos endlich nicht mehr stören. Denn sich erreichbare Ziele zu setzen, ist der erste Schritt zum Erfolg. Motto: Ich möchte sehen, was passiert, wenn ich nicht aufgebe.

SONNTAG: 29,9 Fettpunkte	
Morgens (zum Brunch):	
1 Ofenkartoffel	
1 Ei (Größe M)	6,2 Fettpunkte
2 Eiweiß (Größe M)	0,2 Fettpunkte
Mineralwasser	
50 g Schinkenwürfel (2 % Fett)	1,0 Fettpunkte
2 Scheiben Vollkorntoastbrot	2,0 Fettpunkte
1 Tomate	
¼ Gurke	
2 TL Butter (oder Margarine)	8,0 Fettpunkte
20 g Honig	
1 Scheibe Käse (17 % Fett)	3,5 Fettpunkte
100 g geräucherter Wildlachs	3,3 Fettpunkte
Meerrettich	
Kaffee oder Tee	

Die Kartoffel garen, in Alufolie wickeln und warm halten. Ei und Eiweiße verrühren. 1 EL Mineralwasser in einer beschichteten Pfanne erhitzen, bis das Wasser dampft. Ei-Eiweiß-Mischung und Schinkenwürfel dazugeben und stocken lassen. Sobald das Eiweiß fest ist, das Rührei aus der Pfanne nehmen und warm halten.
Das Toastbrot toasten. Tomate und Gurke waschen und klein schneiden. Alle Zutaten in Schälchen oder auf Tellern anrichten und einzeln auf den Tisch stellen.

Zwischendurch 2 Gläser Wasser trinken.

Nachmittags:	
1 Tasse Cappuccino mit Milch (1,5 % Fett)	2,0 Fettpunkte
1 Kugel Sorbeteis (z. B. Mangosorbet)	0,5 Fettpunkte

Zwischendurch 2 Gläser Wasser trinken.

Abends:	
1 Portion Gemüsesalat (Rezept S. 154)	3,2 Fettpunkte

2 Gläser Wasser trinken.

Bewegung: Mit der Familie, Freundin oder dem Partner einen Ausflug mit viel Bewegung machen.

Wer alleine etwas für seine Fitness tun möchte, unternimmt einen langen Ausflug in die Natur – mit dem Rad oder zu Fuß. Sauerstoff und Bewegung wirken positiv auf Körper, Seele und Gewicht.

Bewährte Bewegungsempfehlungen

Wie wichtig Bewegung und Sport für die Gesundheit, die Figur, das seelische Gleichgewicht sind, haben Sie schon auf den Seiten 22 bis 25 erfahren. Doch die Annahme: Ohne Sport nimmt man nicht ab, teile ich nicht. Meine Erfahrung ist eine andere. Ich bin mein Leben lang auf Diät gewesen. Sport habe ich nie gemacht. Mein Umfeld hielt schon den Sonntagsspaziergang für eine sportliche Höchstleistung.

Dazu kam, dass mein Übergewicht den Drang nach Bewegung nicht gerade erhöhte. Doch wenn ich mich mal wieder zu einer Diät durchgerungen hatte, habe ich immer gut abgenommen, und zwar ohne Sport. Den Fehler, den ich nach der Abnahme immer gemacht habe, war nicht die fehlende Bewegung, sondern die Annahme, dass ich nach dem Abnehmen wieder alles essen kann wie zuvor. Und genau das ist falsch. Denn:

Isst man wie vorher, wird man wie vorher.

Durch meine Kur habe ich, wenn auch zuerst unfreiwillig gelernt, dass Bewegung sogar mit Übergewicht möglich ist und auch Spaß macht. Sie glauben nicht, dass es etwas gibt, was Sie mal gerne ausprobieren würden? Das ging mir genauso. Aber ich wurde eines Besseren belehrt.
Probieren Sie ruhig einiges aus – am besten gleich am Schnupperwochenende. Sie werden das Richtige für sich finden. Bewegung muss nicht zwangsläufig Erschöpfung, unangenehme Schweißausbrüche oder vielleicht Schmerzen danach bedeuten.
Mit über vierzig sind wir natürlich nicht mehr so leistungsfähig wie mit zwanzig Jahren. Die überflüssigen Kilos, der Beruf und diverse andere Kleinigkeiten im Alltag kommen noch dazu. Wie lässt sich unter diesen Umständen noch zusätzlich Bewegung einbauen, die nicht schon nach zwei bis drei Versuchen als ungeeignet abgehakt wird? Auf Seite 24 haben Sie schon einen Eindruck davon bekommen, welche Bewegungsmöglichkeiten es gibt, die Sie schnell mal nebenbei machen können und die Sie vielleicht noch nie als Ersatz für Sport angesehen haben.

Weitere Möglichkeiten sind die folgenden Sportarten, auch wenn das Gewicht noch recht hoch ist. Suchen Sie sich für das Schnupperwochenende etwas aus und legen Sie los:

1. Nordic Walking
   Die Stöcke unterstützen Sie beim Laufen, gerade bei Übergewicht. Das Laufen ist wesentlich leichter als ohne Stöcke.
2. Schwimmen
   Im Wasser wiegen Sie nur ein Zehntel von dem, was Sie im Trockenen auf die Waage bringen.
3. Aquajogging und verwandte Arten
   Durch den Auftrieb des Wassers schont es die Gelenke.
4. Trampolin
   Laufen Sie auf dem Trampolin. Es ist wie Nordic Walking auf der Stelle. Gut geeignet bei schlechtem Wetter. Man läuft vor dem TV. Ein normales Trampolin trägt 100 Kilogramm und kostet neu ca. 50 Euro. Für mehr Gewicht gibt es Trampoline von Trimlin oder Bellicon. Die kosten 150 Euro und mehr.

5. Fahrrad fahren
   Ob draußen oder auf dem Ergometer zu Hause, auch dieser Sport ist gelenkschonend und sinnvoll.
6. Tanzen
   Tanzen Sie, egal nach welcher Musik, so viel wie möglich. Auch das ist Sport und verbrennt viele Kalorien.
7. Fitnessstudio
   Jedes gute Fitnessstudio wird Ihnen einen Plan mit Übungen erstellen. Ganz individuell für Ihre Bedürfnisse und körperlichen Möglichkeiten.
8. Spazierengehen
   Machen Sie dreimal pro Woche für 30 Minuten einen flotten Spaziergang, dann haben Sie viel für sich getan. So ist auch ein schneller Hunderundgang eine perfekte Möglichkeit ganz nebenbei abzunehmen.
9. Gartenarbeit
   Haben Sie einen Garten? Dann gratuliere ich Ihnen zu Ihrem privaten Fitnessstudio in freier Natur. Gartenarbeit ist gut geeignet, um Bewegungseinheiten zu absolvieren.
10. Skilanglauf
    Wenn Sie die Möglichkeit dazu haben, tun Sie es!

Alle genannten Sportarten sind für Übergewichtige geeignet. Doch im Zweifel fragen Sie Ihren Arzt, ob die gewünschte Art der Bewegung möglich ist.

Einkauf & Vorrat

Wenn Sie weiterhin nach der 30-g-Fett-Methode essen und vor allem abnehmen möchten, sollten Sie Ihre Lebensmittelvorräte überprüfen und ein wenig verändern. Nehmen Sie sich etwas Zeit, um durch die gewohnten Supermärkte einmal mit ganz anderen Augen zu gehen. Denn dort werden Sie auch alles bekommen, was Sie für die fettarme Ernährung benötigen. Schauen Sie sich bei Ihrem Rundgang durch die Regale die bisher gekauften Produkte einmal genauer an.

Auf der Rückseite der Lebensmittelverpackung steht eine kleine Nährwerttabelle (siehe S. 48), auf der Sie alle wichtigen Angaben finden. Nehmen Sie die Fettangabe auf der Packung unter die Lupe. Ist der Fettanteil zu hoch, lassen Sie Ihren Blick im Regal nach links oder rechts von dem bekannten Produkt schweifen. Dort finden Sie ähnliche, oft fettreduzierte Produkte gleicher Art. Probieren Sie das eine oder andere Produkt ruhig aus. Entscheiden Sie sich anschließend nur für das, was Ihnen wirklich schmeckt. Fettarm »schmeckt nicht« ist ein weitverbreitetes Vorurteil. Nach dem Ausprobieren werden Sie feststellen, dass Sie kaum einen Unterschied bemerkt haben.

Für den Anfang habe ich Ihnen einige passende fettarme Lebensmittel aufgeschrieben. Da die Liste ab Seite 80 keineswegs vollständig sein kann, können Sie diese mit wachsender Erfahrung noch mit Produkten ergänzen, die Ihnen gefallen und schmecken. Und sicher kennen Sie noch andere Lebensmittel, die Sie gerne essen und weiterhin auf dem Speiseplan stehen können.

Abnehmen trotz Familie und Kollegen

Meine Erfahrung ist, dass alles, was zu den Naschereien und nicht zu einer gesunden Ernährung gehört, aus Haus oder Büro entsorgt werden sollte. Und zwar radikal!
Denn wenn etwas schnell verfügbar ist, werden Sie auch bald zugreifen. Die Kraft zu widerstehen hat kaum jemand. Vielleicht klappt es für kurze Zeit. Doch kaum gibt es etwas Stress oder andere schwierige Situationen, die immer mal vorkommen, sind die guten Vorsätze schnell verschwunden, und schon ist es passiert. Schützen Sie sich vor solchen Situationen.
Wenn Sie meinen, Sie müssten es lernen, standhaft zu bleiben, probieren Sie es aus. Ich persönlich denke aber: Warum müssen wir es uns schwerer machen als es nötig ist? Wer das Gefühl braucht, die Schokolade jederzeit essen zu können, um kein Gefühl des Verzichtes zu entwickeln, sollte das natürlich tun. Jeder muss seinen Weg finden.

Fettarme Lebensmittel

Brot (möglichst Vollkornbrot)
Brötchen (dunkle Brötchen)
Knäckebrot

Gemüse (Avocado, Mais, Oliven und Kichererbsen berechnen)
Salat
Obst (Bananen, Wassermelone und Mango mit Augenmaß)

Bulgur
Couscous
Dinkel
Kartoffeln
Nudeln (Vollkornvariante)
Reis (Naturreis)

Kondensmilch (4 % Fett)
Kochsahne (8 % Fett)
Milch (0,1 % bis 1,5 % Fett)
Saure Sahne (10 % Fett)
Vanille- und Kakaodrink (0,2 % Fett)

Frischkäse bis 16 % Fett
Käsesorten bis 19 % Fett absolut
Käse bis 30 % Fett i. Tr.

Buttermilch (mit und ohne Frucht)
Joghurt bis 0,5 % Fett (mit und ohne Frucht)
Kefir (1,5 % Fett, mit und ohne Frucht)
Dickmilch (1,5, % Fett, mit und ohne Frucht)
Quark bis 0,5 % Fett (mit und ohne Frucht)

Wichtig: Bei den Produkten mit Frucht den Zuckergehalt beachten!

Halbfettbutter
Halbfettmargarine
Rama Cremefine (7 % Fett)
Kokosmilch (8 % Fett)
Molke (mit und ohne Frucht)

Gekochter Schinken
Geräucherter Schinken (3 % Fett)
Putenaufschnitt
Hähnchenbrustaufschnitt
Corned Beef (4 % Fett)
Aspikaufschnitt (bis 3 % Fett)

für jeden Tag

Bratenaufschnitt
(bis 6 % Fett)
Kassleraufschnitt
(bis 6 % Fett)
Fettreduzierte Wurstsorten
(bis 6 % Fett)
Putenzwiebelmett
Salami, fettreduziert
Leberwurst, fettreduziert
(gibt es ab 20 % Fett)
Würstchen, fettreduziert
Bratwurst, fettreduziert
Leberkäse, fettreduziert

Geflügelfleisch
Putenhackfleisch
(bis 5 % Fett)
Rindfleisch, mager
Schnitzelfleisch
Tatar (3 % Fett)

Scholle (Flunder)
Forelle
Kabeljau
Rotbarsch
Schellfisch
Wildlachs
Zander

Garnelen
Krabben
Shrimps

Mineralwasser ohne Aroma
Kaffee
Tee
Getränke bis 15 kcal pro
100 ml (z. B. Cola light)

Marmelade
Honig
Ahornsirup
Schokosauce, fettarm

Amarettini
Baiser
Löffelbiskuit
Russisch Brot
Wein- oder Fruchtgummi
(bis 0,2 % Fett,
in kleinen Mengen)
Lakritze, hart
Sorbeteis
Ofenchips (9 % Fett)
Salzstangen

Im Umgang mit Familie, Kollegen und anderen Menschen in Ihrem Umfeld haben Sie ein Recht darauf, dass auf Ihr Problem Rücksicht genommen wird. Ein Alkoholiker wird wahrscheinlich auch keinen Alkohol angeboten bekommen. Und jemand, der allergisch auf etwas reagiert, sei es auf Duftstoffe, bestimmte Lebensmittel oder Tierhaare, wird auch Rücksicht erfahren. Also warum nicht auch bei Kuchen und Süßigkeiten?

Sie müssen Süßes und Co. nicht für andere kaufen und auch nicht akzeptieren, dass Chips, Bonbons und Ähnliches überall herumstehen. Auch wenn Sie Kinder haben nicht.
Müssen Kinder ständig etwas Süßes oder Chips zur Verfügung haben? Glauben Sie, nur dann sind Sie eine gute Mutter oder ein guter Vater? Kinder, die stets diese Massen an Kalorien zur Verfügung haben, sind schon bald die nächste Generation der Übergewichtigen. Ist ein Elternteil betroffen, sind die Anlagen dafür vorhanden. Also tun Sie nicht nur sich einen Gefallen, sondern auch allen anderen. Wer alt genug ist, kann sich die Naschereien selber kaufen. Wer nicht, der hat eine gute Chance, das Problem des Übergewichts erst gar nicht kennenzulernen.

Menschen, die miteinander viel Zeit verbringen, egal aus welchem Grund, sollten den Anderen und seine Eigenarten akzeptieren. Geht das nicht auf die sanfte Tour, sollten Sie auch einmal etwas härtere Töne anschlagen. Sie tun es für sich. Kämpfen Sie für sich und Ihre Gesundheit.
Ich habe das auch gemacht. Wer sich verändern will, sprich abnehmen, sollte auch sein Umfeld dafür sensibilisieren. Wenn es sein muss, mit einer klaren Ansage. Sicher waren es auch Schokolade, Kekse, Chips, Weingummi, Bier und Wein, die Übergewichtigen die überflüssigen Pfunde beschert haben.

Kaufen Sie alles ein, was zu einer gesunden Ernährung gehört – Brot, Gemüse, Kartoffeln … aber KEINE NASCHEREIEN!
Naschereien braucht niemand, auch schlanke Menschen nicht.

Essen auf die Schnelle?

Die Ausrede »Ich bin gerade viel unterwegs« gibt es in Zukunft nicht mehr. Es gibt viele alternative Möglichkeiten. Einige fettarme Beispiele finden Sie hier:

Trockenes Brötchen	1 Fettpunkt
Brezel oder Laugenstange (ohne Butter)	2–3 Fettpunkte
Rosinenbrötchen	1 Fettpunkt
Hefekuchen mit Obst (ohne Sahne)	4 Fettpunkte
Hamburger	9 Fettpunkte
Belegtes Brötchen ohne Mayonnaise	4 Fettpunkte
Obst nach Wahl	0 Fettpunkte
Sorbeteis im Becher (ohne Sahne)	1–2 Fettpunkte
Cappuccino mit fettarmer Milch, grande	2 Fettpunkte
Sushi (100 g)	3,4 Fettpunkte
Gemüsesuppen (ohne Fleisch oder Wurst)	0 Fettpunkte
Ofenkartoffeln	0 Fettpunkte
Salat oder Gemüse	0 Fettpunkte
Steak mit Salat	10 Fettpunkte
Schnitzel natur (150 g) mit Salzkartoffeln	5 Fettpunkte
Bei warmen Gerichten die Sauce und/oder bei Salat das Dressing separat geben lassen und nur wenig davon nehmen.	

Rezepte und Tipps

Die Fettpunkte
Sie werden am Anfang des Rezepts grafisch und als Zahl dargestellt.
Die Fettpunkte sind entweder pro Person, pro Stück oder manchmal für die Gesamtmenge eines Rezepts angegeben. Wenn ein Rezept für 4 Personen ist, dann sind die Fettpunkte bereits umgerechnet. Das gilt auch für die Angabe »Für 12 Stücke«. Im Kapitel Dips & Saucen beziehen sich die Fettpunkte manchmal auf die Gesamtmenge oder bei den Aufstrichen auf 1 Portion à beispielsweise 20 g.

NÜTZLICHE TIPPS

KRÄUTER

Ob frisch, getrocknet oder tiefgekühlt – Kräuter verleihen fettarmen Gerichten ein besonderes Aroma. Damit Sie bei Bedarf immer etwas parat haben, legen Sie sich einen kleinen Vorrat an, zum Beispiel im Topf auf der Fensterbank oder die Lieblingskräuter aus der Tiefkühltheke ins Tiefkühlfach.

GEWÜRZE

Neben Kräutern sollten Sie auch Gewürze im Gewürzregal haben – egal ob Paprikapulver, Cayennepfeffer, Chiliflocken oder Currypulver. Schaffen Sie sich ein kleines Sortiment an – am besten jene, die Sie häufig verwenden. Ich würze am liebsten mit gekörnter Brühe oder Gemüsebrühe, denn dann benötige ich kaum noch andere Gewürze.

KLEINE MENGEN

Es gibt Lebensmittel, die wegen des Fett- oder Kaloriengehalts nur in kleineren Mengen verwendet werden. Dazu gehören je nach Rezept beispielsweise Öl, Kondensmilch, Zucker, Honig oder auch Mehl. Diese Zutaten möglichst exakt abmessen, das klappt optimal mithilfe einer Digitalwaage. Das Abmessen mit einem Esslöffel oder Teelöffel geht auch, dann wird es aber ungenau. Daher lieber alles abwiegen, dann sind Sie auf der sicheren Seite. Oder Sie messen diese Zutaten einmal in Löffeln ab. 1 Esslöffel sollte höchstens 10 g und 1 Teelöffel 5 g entsprechen.

VOLLKORNPRODUKTE

Vollkornprodukte sättigen länger, da sie viele Ballaststoffe liefern – wesentlich mehr als Weißmehlprodukte. Zudem sind die enthaltenen Mineralien und Vitamine wichtig für eine gesunde Ernährung. Entscheiden Sie sich, wann immer es möglich ist, für die Vollkornvariante, zum Beispiel Dinkelnudeln, Vollkornbrot oder Naturreis.

SALATCREME

Bei einigen Rezepten wird fettarme Mayonnaise verwendet. Ich nehme immer die, die im Supermarkt als Salatcreme angeboten wird. Achten Sie aber auf das Etikett. Neben der sehr fetten Variante gibt es auch eine leichte Version mit nur 4,9 % Fett.

EIER ERSETZEN

Wer möchte, kann je nach Rezept das Ei durch eine Zutat ersetzen, die eine ähnliche Eigenschaft wie das Ei hat. Sojamilch und Sojacreme enthalten sogenannte Emulgatoren, die für Bindung sorgen. Ei und Mehl lassen sich damit ersetzen. Bei Kuchen mit fruchtiger Note können Sie statt 1 Ei auch 60 g Apfelmus verwenden.

GEKÖRNTE BRÜHE

Wer gerne mit gekörnter Brühe würzt, kann sie selbst herstellen. Dafür 1 Bund Suppengemüse putzen, waschen und gut abtrocknen. Das trockene Gemüse im Blitzhacker oder mit einem Stabmixer so klein wie möglich zerkleinern, auf ein Backblech geben und im vorgeheizten Backofen bei 80 °C in 1 Stunde trocknen lassen. Danach abkühlen lassen und im Verhältnis 1:1 mit Meersalz mischen. Die Mischung in ein Schraubglas füllen und verschließen. Ist im Kühlschrank einige Wochen haltbar.

WOCHENPLAN

TAGESBEISPIELE FÜR EINE WOCHE

Glückwunsch! Ihre Entscheidung ist nach dem Schnupperwochenende gefallen. Sie starten JETZT mit der 30-g-Fett-Methode, sind offen für Neues, sehr motiviert und sehr darauf gespannt, wie Ihnen das fettarme Essen auf Dauer schmecken und bekommen wird.
Für den leichteren Einstieg mache ich Ihnen für eine Woche Vorschläge für jeden Tag, und zwar überwiegend mit den Rezepten aus diesem Buch. Bevor Sie selbst experimentieren, helfen diese vielleicht beim Jonglieren mit den täglichen Fettpunkten.

Trinken Sie über den Tag verteilt 2 Liter Flüssigkeit, am besten Wasser (siehe S. 43) oder auch Früchtetee.
Wenn Sie möchten, essen Sie pro Tag 1 bis 2 Stück Obst, also etwa 100 g bis 150 g. Alles, was in Ihre Hand passt, ist perfekt. Obst hat 0 Fettpunkte, enthält aber viel Zucker. Früchte daher mit Augenmaß genießen.

Gemüse ist zusätzlich immer erlaubt, ob auf dem Brot, Brötchen oder als kleine Zwischenmahlzeit. Es wird grundsätzlich NICHT berechnet – nur Avocados, Oliven, Mais und Kichererbsen.
Auch Kartoffeln werden mit 0 Fettpunkten bewertet.
Generell wird nur der Fettgehalt in einem Lebensmittel berechnet. Die Fettangaben in meinen Büchern sind Durchschnittswerte. Bei der Auswahl der Lebensmittel orientiere ich mich zuerst an der Nährwerttabelle auf der Verpackung.
Es gibt diverse Apps – ich benutze den Fddb. Hier finden Sie fast alle Lebensmittel mit entsprechenden Nährwertangaben.
Zum Braten von Fleisch verwende ich kein Fett. Ich bereite es so zu: 2 bis 3 EL Mineralwasser in einer beschichteten Pfanne erhitzen, bis es dampft. Das ungewürzte Fleisch in die Pfanne legen, etwas Sojasauce darübergießen und das Fleisch wenden und wie gewohnt zubereiten, bis es fertig ist. Wasser erhitzt sich nur bis 100 °C, Fett bis 180 °C. Daher darf das Fleisch nicht zu dick sein. Das gilt für Schweinefleisch, Rindfleisch und Geflügel.
Selbstverständlich können Sie auch weiterhin mit Öl braten. Dann bitte nur mit 1 TL.

29,5 Fettpunkte

Montag

Morgens: 1 Bagel mit Kräutercreme (Rezept S. 119)	2,1 Fettpunkte
Mittags: Kartoffeln vom Blech (Rezept S. 178)	10,0 Fettpunkte
2 kleine Kugeln Eis	6,0 Fettpunkte
Abends: Nudel-Gemüse-Bowl mit Pinienkernen (Rezept S. 199)	11,4 Fettpunkte

Bewegung: Mittags oder abends ein flotter 30-Minuten-Spaziergang.

29,3 Fettpunkte

Dienstag

Morgens: 2 Portionen Gemüsesandwich aus dem Ofen (Rezept S. 125)	7,6 Fettpunkte
Mittags: Käse-Lauch-Suppe (Rezept S. 165)	7,3 Fettpunkte
2 Stück Apfelkuchen mit Rosinen (Rezept S. 242)	6,2 Fettpunkte
Abends: Nudel-Paprika-Salat mit Basilikum (Rezept S. 180)	8,2 Fettpunkte

Bewegung: Wie wäre es mit 30 Minuten walken?

30,4 Fettpunkte

Mittwoch

Morgens: 2 Portionen Birnen-Quinoa-Bowl (Rezept S. 193) 6,8 Fettpunkte

Mittags: Paprika mit Reis-Rosinen-Füllung (Rezept S. 188) 7,3 Fettpunkte
1 Praline 5,0 Fettpunkte

Abends: 2 Scheiben Vollkornbrot 2,0 Fettpunkte
20 g Frischkäse (16 % Fett) 3,2 Fettpunkte
30 g gekochter Schinken 1,0 Fettpunkte
30 g Käse (17 % Fett) 5,1 Fettpunkte
Das Brot mit Frischkäse bestreichen, mit Schinken und Käse belegen.

Bewegung: Mittags 15 Minuten zügig um den Block gehen.

28,5 Fettpunkte

Donnerstag

Morgens: 1 Körnerbrötchen 5,0 Fettpunkte
20 g Frischkäse (16 % Fett) 3,2 Fettpunkte
Marmelade 0,0 Fettpunkte
30 g Käse (17 % Fett) 5,1 Fettpunkte
Brötchen aufschneiden, mit Frischkäse bestreichen. Eine Hälfte mit Marmelade bestreichen und die andere mit Käse belegen.

Mittags: Schweinefiletragout und Nudeln (Rezept S. 210) 6,3 Fettpunkte

Abends: Erdbeer-Quark-Bowl (Rezept S. 195) 2,9 Fettpunkte
1 Scheibe Vollkornbrot 1,0 Fettpunkte
25 g Leberwurst (20 % Fett) 5,0 Fettpunkte
Das Brot mit Leberwurst bestreichen.

Bewegung: Lassen Sie den Tag mit Radfahren und mit einem anschließenden Entspannungsbad ausklingen.

30,6 Fettpunkte

Freitag

Morgens: 30 g Haferflocken	2,1 Fettpunkte
100 g Joghurt (3,5 % Fett)	3,5 Fettpunkte
1 Apfel	0,0 Fettpunkte
2 TL Rohrzucker	0,0 Fettpunkte

Aus den Zutaten ein Müsli zubereiten.

Mittags: 3 Portionen Schinken-Feta-Salat (Rezept S. 152)	5,7 Fettpunkte
1 große Tasse Cappuccino	4,0 Fettpunkte

Abends: Salat-Bowl mit Quinoa und Limetten-Hähnchen (Rezept S. 201)	15,3 Fettpunkte

Bewegung: Tanzen Sie mal wieder zu Ihrer Lieblingsmusik. Oder buchen Sie einen Kurs ZUMBA Gold für Übergewichtige und nicht so fitte Menschen.

28,8 Fettpunkte

Samstag

Morgens: 2 Scheiben Vollkorntoast	2,0 Fettpunkte
10 g Butter	8,0 Fettpunkte
Marmelade oder Honig	0,0 Fettpunkte

Den Toast rösten, mit Butter und Marmelade oder Honig dünn bestreichen.

Mittags: Backofenforellen (Rezept S. 219)	10,2 Fettpunkte

Abends: 2 Stücke Kartoffelquiche
mit Lauch und Schinken 8,6 Fettpunkte
(Rezept S. 179)

Bewegung: Wie wäre es mit Gartenarbeit oder einem Spaziergang?

31,9 Fettpunkte

Sonntag

Morgens: 2 gekochte Eier (Größe M)	12,4 Fettpunkte
1 Brötchen	1,0 Fettpunkte
20 g Frischkäse (16 % Fett)	3,2 Fettpunkte
Honig	0,0 Fettpunkte

Das Brötchen aufschneiden, mit Frischkäse und Honig dünn bestreichen.

Mittags: Gemüseauflauf	7,7 Fettpunkte
(Rezept S.157)	
Abends: 150 g Putenschnitzel	2,6 Fettpunkte
5 g Öl zum Braten	5,0 Fettpunkte
Salz und Pfeffer	
Gemüse nach Wahl (z. B. Brokkoli)	0,0 Fettpunkte

Das Putenschnitzel in einer beschichteten Pfanne braten. Das Gemüse bissfest garen.

Bewegung: Wie wäre es heute mit einer Runde schwimmen?

Aromawasser & Smoothies

AROMATISIERTES WASSER

Zwei Liter Flüssigkeit sollte jeder über den Tag verteilt trinken. Denn wer nicht genug trinkt, wird dick. Manchmal signalisiert das Hungergefühl, dass der Körper dringend Wasser braucht. Gönnen Sie sich deshalb vor jeder Mahlzeit ein bis zwei Gläser Wasser, entweder Leitungswasser, Mineralwasser oder aromatisiertes Wasser.

0 Fettpunkte

BEEREN-LIMETTEN-WASSER

Für 4 Personen (à 250 ml)

Zutaten:

30 g Blaubeeren
50 g Brombeeren
100 g Erdbeeren
1 Limette
500 ml Mineralwasser (still)
500 ml Mineralwasser (spritzig)

1

Die Blaubeeren, Brombeeren und Erdbeeren waschen, putzen und pürieren. Die Limette heiß waschen, abtrocknen und in Scheiben schneiden.

2

Das Beerenpüree und die Limettenscheiben in eine Karaffe geben und mit dem stillen Wasser auffüllen. Das Wasser kalt stellen und mindestens 4 Stunden ziehen lassen.

3

Das aromatisierte Wasser abseihen, wieder in die Karaffe geben und mit dem spritzigen Mineralwasser auffüllen.

0 Fettpunkte

ERDBEER-BASILIKUM-WASSER

Für 4 Personen (à 250 ml)

Zutaten:

10 Basilikumblätter
150 g Erdbeeren
½ Bio-Zitrone
1 l Mineralwasser

1

Die Basilikumblätter waschen. Die Erdbeeren waschen, putzen und halbieren. Die Zitronenhälfte waschen und in Scheiben schneiden.

2

Basilikumblätter, Erdbeeren und Zitronenscheiben in eine Karaffe geben und mit dem Mineralwasser auffüllen. Das Wasser kalt stellen und mindestens 4 Stunden ziehen lassen.

0 Fettpunkte

HIMBEER-ZITRONEN-WASSER

Für 4 Personen (à 250 ml)

Zutaten:

200 g Himbeeren
1 Bio-Zitrone
500 ml Wasser (still)
2 TL Rosenwasser
(aus der Apotheke)
500 ml Mineralwasser (spritzig)

1

Die Himbeeren waschen und pürieren. Die Zitrone heiß waschen, abtrocknen und in Scheiben schneiden.

2

Himbeerpüree und Zitronenscheiben in eine Karaffe geben und mit dem stillen Wasser auffüllen. Das Rosenwasser dazugeben. Das Wasser kalt stellen und mindestens 4 Stunden ziehen lassen.

3

Das aromatisierte Wasser abseihen, wieder in die Karaffe geben und mit dem spritzigen Mineralwasser auffüllen.

0 Fettpunkte

INGWER-POWER-WASSER

1

Die Zitrone auspressen und den Saft mit dem Honig verrühren. Den Zitronensaft in eine Karaffe geben und mit dem Mineralwasser auffüllen.

2

Den Ingwer schälen und in dünne Scheiben schneiden. Die Minzeblätter waschen und mit den Ingwerscheiben in die Karaffe geben. Mit dem kalten grünen Tee auffüllen und alles umrühren.

Für 4 Personen (à 250 ml)

Zutaten:

1 Zitrone
2 EL Honig
500 ml Mineralwasser
1 Stück Ingwer (1 cm)
10 Minzeblätter
500 ml kalter grüner Tee

Das Ingwer-Power-Wasser schmeckt auch warm sehr gut, vor allem bei Erkältung. Ingwer enthält ätherische Öle wie Gingerole und Shogaole, durch deren Schärfe wird die Durchblutung gefördert und werden Entzündungen gehemmt.

0 Fettpunkte

ZITRONIGES GURKEN-STERNFRUCHT-WASSER

Für 4 Person (à 250 ml)

Zutaten:

50 g Bio-Gurke
50 g Sternfrucht
5 Stangen Zitronengras
1 l Mineralwasser

1

Gurke und Sternfrucht waschen und in Scheiben schneiden. Das Zitronengras putzen und der Länge nach halbieren.

2

Gurkenscheiben, Sternfruchtscheiben und Zitronengras in eine Karaffe geben und mit dem Mineralwasser auffüllen. Das Wasser kalt stellen und mindestens 4 Stunden ziehen lassen. Das Wasser abseihen und wieder in die Karaffe geben.

0 Fettpunkte

CHAI-WASSER

Für 4 Personen (à 250 ml)

Zutaten:

1 l Mineralwasser
1 Stück Ingwer (1 cm)
1 Bio-Orange
5 Pfefferkörner
3 Sternanise
½ Zimtstange

1

Das Mineralwasser in eine Karaffe gießen. Ingwer und Orange waschen und in dünne Scheiben schneiden. Pfefferkörner, Sternanise und Zimtstange in einem Mörser zerdrücken und in ein Teefiltersäckchen geben.

2

Ingwer- und Orangenscheiben und das Säckchen in die Karaffe geben. Das Wasser kalt stellen und mindestens 1 Stunde ziehen lassen. Das Filtersäckchen entfernen. Das aromatisierte Wasser abseihen und wieder in die Karaffe geben.

SMOOTHIES

Frisches Obst und Gemüse kommen in einen leistungsstarken Mixer. Für grüne Smoothies geben Sie noch Wasser und für Obst-Smoothies ein Milchprodukt dazu. Je nach Zutaten sind Smoothies nicht gerade kalorienarm, denn Sie nehmen Obst und Gemüse in konzentrierter Form auf. Das ist einerseits wegen der Vitalstoffe gut, andererseits genießen Sie vielleicht zu viel davon. Deshalb: Ein Glas genügt!

3 Fettpunkte

SÜSSHUNGER-STOPPER

Die Banane schälen, in Stücke schneiden und in ein hohes Gefäß geben. Milch und Rohrzucker dazugeben. Mit einem Stabmixer auf höchster Stufe 1 Minute pürieren.

Für 1 Person

Zutaten:

1 Banane

200 ml Milch (1,5 % Fett)

1 TL Rohrzucker

Sie können diesen Drink auch mit Milch (0,3 % Fett) zubereiten. Durch den Fruchtzucker der Banane und das Eiweiß in der Milch wird der Süßhunger besonders gut gestillt. Milch mit 0,3 % Fett gibt es in großen gut sortierten Supermärkten.

0 Fettpunkte

BEEREN-PASSIONSFRUCHT-SMOOTHIE MIT MATCHA

Für 1 Person

Zutaten:
50 g Himbeeren
50 g Erdbeeren
60 g Banane
20 g Passionsfrucht
1 TL Matchapulver
(aus dem Reformhaus)

1
Die Beeren waschen und die Erdbeeren putzen. Die Banane schälen und in Stücke schneiden. Die Passionsfrucht halbieren und das Fruchtfleisch herauslösen.

2
Das vorbereitete Obst in einen Standmixer geben. Matchapulver und 50 ml Wasser dazugeben und auf höchster Stufe pürieren.

Das hellgrüne Matchapulver wird aus dem ganzen frischen grünen Teeblatt gewonnen und ist als Extrakt um ein Vielfaches konzentrierter an Inhaltsstoffen. Matchatee soll die Stimmung heben und die Konzentration steigern. Das Pulver lässt sich als Tee mit heißem Wasser zubereiten oder als Zutat in Smoothies oder Süßspeisen verwenden.

1,5 Fettpunkte

BEEREN-KIWI-SMOOTHIE MIT CHIASAMEN

Für 1 Person

Zutaten:

100 g Erdbeeren
30 g Blaubeeren
50 g Kiwi
20 g Basilikumblätter
1 EL Zitronensaft
1 TL Chiasamen

1

Die Beeren waschen und die Erdbeeren putzen. Die Kiwi schälen und halbieren. Basilikum waschen und trocken tupfen.

2

Das vorbereitete Obst, Basilikum, Zitronensaft und Chiasamen in einen Standmixer geben und auf höchster Stufe pürieren. Bei Bedarf etwas Wasser unter den Smoothie mixen.

Mit ihrem Gehalt an Antioxidantien, Kalzium, Kalium, Eisen, Omega-3- und Omega-6-Fettsäuren sind Chiasamen eine wahre Powerquelle. Ein einziger Teelöffel Chiasamen soll genügen, um einen Menschen für 24 Stunden ausreichend mit Nährstoffen zu versorgen. Sie haben keinen Eigengeschmack, sind sehr quellfähig und lassen sich vielseitig verwenden.

3,1 Fettpunkte

GRÜNER SMOOTHIE MIT CHIASAMEN

Für 1 Person

Zutaten:

20 g Feldsalat
10 g Spinat
50 g Weintrauben
200 g Birne
10 g Chiasamen
80 ml weißer Traubendirektsaft

1

Salat und Spinat waschen und putzen. Weintrauben und Birne waschen. Die Trauben abzupfen. Die Birne vierteln, entkernen und klein schneiden.

2

Salat, Spinat und das vorbereitete Obst in einen Standmixer geben. Chiasamen und Traubensaft dazugeben und alles auf höchster Stufe pürieren.

0 Fettpunkte

BIRNEN-REFRESHER

6 Gläser (à 200 ml)

Zutaten:

2 Minzeblätter
1 Birne
1 kleine Banane (oder 1 Kaki)
½ Zitrone
1 TL Honig
1 l kaltes Mineralwasser

1

Minzeblätter waschen, trocken tupfen und fein hacken. Die Birne waschen, vierteln, entkernen und klein schneiden. Die Banane schälen und klein würfeln. Die Zitrone auspressen und den Saft mit den Bananen- und Birnenstückchen mischen. Honig und gehackte Minze dazugeben und alles vorsichtig vermengen.

2

Die Früchtemischung auf sechs Gläser verteilen und das Mineralwasser darübergießen. Sofort servieren.

0,8 Fettpunkte

GURKEN-BUTTERMILCH-SMOOTHIE

Für 2 Personen

Zutaten:
100 g Gurke
1/4 Apfel
1/4 Birne
10 Minzeblätter
250 g Buttermilch
1 EL Zitronensaft
1 EL Ahornsirup

1

Die Gurke waschen, halbieren und entkernen. Apfel und Birne waschen, entkernen und in Stücke schneiden. Die Minzeblätter waschen und trocken tupfen.

2

Alle vorbereiteten Zutaten in einen Standmixer geben. Buttermilch, Zitronensaft und Ahornsirup dazugeben und alles auf höchster Stufe pürieren.

Für Abwechslung im Glas können Sie Apfel und Birne durch eine kleine Nashi-Birne ersetzen. Sie sieht aus wie ein Apfel, schmeckt wie eine Mischung aus Birne und Melone und hat unter der dünnen Schale ein saftiges Fruchtfleisch.

(1)(2)(3) **3,3 Fettpunkte**

DINKEL-JOGHURT-SMOOTHIE

Für 1 Person

Zutaten:
30 g Himbeeren
100 g Apfel
1 TL Honig
20 g Dinkelflocken
1 TL Chiasamen
50 g Joghurt (0,1 % Fett)
80 ml Milch (1,5 % Fett)

Die Himbeeren waschen. Den Apfel schälen, entkernen und in Stücke schneiden. Beides mit Honig, Dinkelflocken, Chiasamen, Joghurt und Milch in einen Standmixer geben und alles auf höchster Stufe pürieren.

(1) **1,3 Fettpunkte**

GOJIBEEREN-SMOOTHIE

Für 1 Person

Zutaten:
5 g Gojibeeren
(aus dem Reformhaus)
100 g Birne
60 g Melone (ohne Schale)
20 g Dinkelflocken
1 TL Honig
50 ml Milch (1,5 % Fett)

Die Gojibeeren waschen und trocken tupfen. Die Birne waschen, entkernen und in Stücke schneiden. Alle vorbereiteten Zutaten mit Melone, Dinkelflocken, Honig und Milch in einen Standmixer geben und auf höchster Stufe pürieren.

0 Fettpunkte

GRÜNER ANANAS-SALAT-SMOOTHIE

Ananas und Apfel schälen und in kleine Stücke schneiden. Salat und Sauerampfer waschen und trocken tupfen. Das vorbereitete Obst, Salat und Sauerampfer in einen Standmixer geben. Den kalten grünen Tee und den Honig dazugeben und alles auf höchster Stufe pürieren.

Für 1 Person

Zutaten:
100 g frische Ananas
100 g Apfel
20 g Kopfsalatblätter
20 g Sauerampfer
50 ml kalter grüner Tee
1 TL Honig

1 2 **1,9 Fettpunkte**

HIMBEER-BUTTERMILCH-SMOOTHIE

Die Himbeeren waschen und in einen Standmixer geben. Buttermilch, Joghurt, Zitronensaft, Honig und einige Eiswürfeln dazugeben und alles auf höchster Stufe pürieren. Die Minzeblätter waschen und trocken tupfen. Den Smoothie auf zwei Gläser verteilen, mit Minze garnieren und sofort servieren.

Für 2 Personen

Zutaten:
250 g Himbeeren
300 g Buttermilch
4 EL Joghurt (0,1 % Fett)
2 EL Zitronensaft
1 EL Honig
einige Eiswürfel
einige Minzeblätter

0,4 Fettpunkte

JOHANNISBEER-MOLKE-DRINK

Für 2 Personen

Zutaten:
250 g Johannisbeeren
200 g Joghurt (0,1 % Fett)
150 ml Molke
2 EL Akazienhonig
einige Eiswürfel
Mineralwasser (nach Belieben)

Die Johannisbeeren waschen, verlesen und von den Stielen zupfen. Die Beeren mit Joghurt und Molke in einem Standmixer fein pürieren. Honig und einige Eiswürfel dazugeben und nochmals kurz pürieren. Wem der Drink zu dickflüssig ist, der kann nach Belieben Mineralwasser untermixen.

0 Fettpunkte

APFEL-ANANAS-SMOOHTIE MIT RADIESCHENGRÜN

Für 1 Person

Zutaten:
15 g Radieschengrün
20 g Kopfsalat
20 g Minzeblätter
100 g Apfel
70 g frische Ananas
5 g Gojibeeren
(aus dem Reformhaus)

Radieschengrün, Kopfsalat und Minzeblätter waschen und trocken tupfen. Den Apfel schälen und in Stücke schneiden. Die Ananas schälen und klein schneiden. Die vorbereiteten Zutaten in einen Standmixer geben. Die Gojibeeren und 30 ml Wasser dazugeben und alles auf höchster Stufe fein pürieren.

1 **0,9 Fettpunkte**

POWER-SMOOTHIE MIT LÖWENZAHN UND HONIG

1

Die Ananas schälen und klein schneiden. Die Banane schälen und klein schneiden. Löwenzahn und Kopfsalat putzen, waschen und trocken tupfen.

2

Die vorbereiteten Zutaten in einen Standmixer geben. Apfelsaft, Honig und Kokosöl zufügen und alles auf höchster Stufe pürieren. Den kalten grünen Tee dazugeben und noch einmal kurz mixen.

Für 1 Person

Zutaten:

60 g frische Ananas
120 g Banane
20 g Löwenzahnblätter
50 g Kopfsalatblätter
50 ml Apfelsaft
1 TL Honig
1/4 TL Kokosöl
50 ml kalter grüner Tee

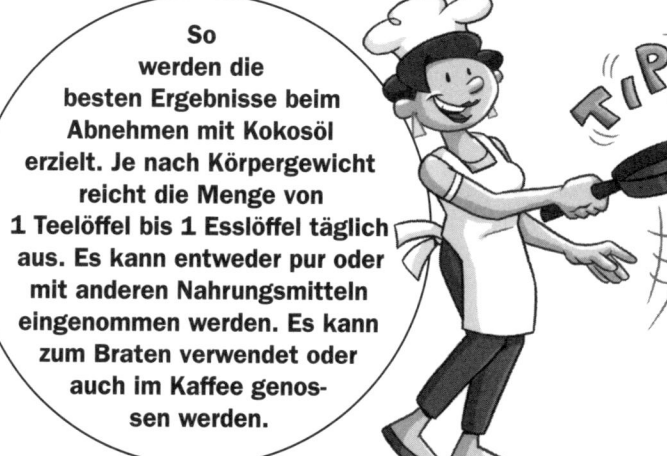

So werden die besten Ergebnisse beim Abnehmen mit Kokosöl erzielt. Je nach Körpergewicht reicht die Menge von 1 Teelöffel bis 1 Esslöffel täglich aus. Es kann entweder pur oder mit anderen Nahrungsmitteln eingenommen werden. Es kann zum Braten verwendet oder auch im Kaffee genossen werden.

(1)(2)(3)(4) **4 Fettpunkte**

NUSSIGER MATCHATEE-SMOOTHIE

Für 1 Person

Zutaten:
100 g frische Ananas
60 g Banane
60 g Pfirsich
50 ml Haselnussmilch
50 g Blaubeeren
5 g Walnusskerne
½ TL Matchapulver
(aus dem Reformhaus)

1
Ananas und Banane schälen und in grobe Stücke schneiden. Den Pfirsich entsteinen. Ananas, Banane, Pfirsich und Haselnussmilch in einen Standmixer geben und auf höchster Stufe pürieren. Den Smoothie in ein Glas füllen.

2
Für das Topping die Blaubeeren waschen und trocken tupfen. Mit Walnusskernen und Matchapulver pürieren und das Püree auf den Smoothie geben.

0,3 Fettpunkte

BANANEN-ANANAS-SMOOTHIE

Für 4 Personen

Zutaten:
2 Bananen
1 EL Zitronensaft
2 Birnen
300 g frische Ananas
200 g Buttermilch
10 Eiswürfel

1
Die Bananen schälen, in Stücke schneiden und mit Zitronensaft mischen. Die Birnen waschen, vierteln, entkernen und klein schneiden. Die Ananas schälen und würfeln.

2
Das vorbereitete Obst in einen Standmixer geben. Buttermilch und Eiswürfel dazugeben und auf höchster Stufe pürieren. Den Smoothie kalt servieren.

1,1 Fettpunkte

ORIENTALISCHER SMOOTHIE

1

Den Ingwer schälen und klein schneiden. Die Bananen schälen und in grobe Stücke schneiden. Den Apfel waschen, putzen und grob zerkleinern. Die Datteln entkernen.

2

Die vorbereiteten Zutaten in einen Standmixer geben. Kurkuma, Zimtpulver, Honig und Mandelmilch dazugeben und auf höchster Stufe pürieren.

Für 1 Person

Zutaten:

1 Stück Ingwer (1 cm)
120 g Bananen
60 g Apfel
30 g Datteln
¼ TL gemahlene Kurkuma
½ TL Zimtpulver
1 TL Honig
100 ml Mandelmilch

Frischen Ingwer gibt es das ganze Jahr über. Er wird geschält, gewürfelt, auf einer Reibe fein gerieben oder durch eine Knoblauchpresse gedrückt und zum Aromatisieren verwendet.
TIPP

Aufstrich, Sandwich & Co.

0,3 Fettpunkte

BANANENCREME

Für 4 Personen

Zutaten:

400 g reife Bananen
1 EL Zitronensaft
20 g Zucker
1 Vanilleschote
300 g Quark (0,3 % Fett)
200 g Joghurt (0,1 % Fett)

1
Die Bananen schälen, in Stücke schneiden und in einem hohen Gefäß mit einem Stabmixer pürieren. Das Püree mit Zitronensaft und Zucker verrühren. Die Vanilleschote längs aufschneiden, das Mark herauskratzen und mit dem Bananenpüree mischen.

2
Den Quark mit dem Joghurt in einer Schüssel verrühren, das Bananenpüree dazugeben und untermischen. Den Aufstrich bis zum Servieren in den Kühlschrank stellen.

1 2 3 4 5 6 7 8 9 10 11 12 ... **24,8 Fettpunkte**

BLAUBEER-NUSS-AUFSTRICH

Ergibt 460 g

Zutaten:

125 g Blaubeeren
50 g Cashewnusskerne
30 g Rohrzucker
250 g Joghurt (1,5 % Fett)
1 TL Honig

1

Die Blaubeeren waschen, abtropfen lassen und mit einem Stabmixer pürieren. Die Cashewnusskerne klein hacken, in einer beschichteten Pfanne ohne Fett rösten und herausnehmen.

2

Den Zucker in eine Pfanne geben und bei kleiner Hitze karamellisieren lassen. Die gehackten Cashewnusskerne mit dem karamellisierten Zucker mischen und auf Backpapier abkühlen lassen.

3

Joghurt und Honig mit einem Schneebesen verrühren. Das Blaubeerpüree und die Cashewnusskerne dazugeben und untermischen. Den Aufstrich kalt stellen.

Eine Portion von 30 g hat 1,5 Fettpunkte.

0,4 Fettpunkte

HIMBEERCREME

Für 4 Personen

Zutaten:
500 g TK-Himbeeren
500 g Joghurt (0,1 % Fett)
150 g Quark (0,3 % Fett)
1 Päckchen Vanillepuddingpulver
200 ml Milch (0,3 % Fett)
3 Päckchen Vanillinzucker
50 g Zucker

1
Die Himbeeren 30 Minuten antauen lassen. Den Joghurt mit dem Quark verrühren.

2
Das Puddingpulver mit etwas kalter Milch anrühren. Die restliche Milch aufkochen, mit dem Vanillinzucker und Zucker mischen. Das angerührte Puddingpulver dazugeben und unter Rühren kurz aufkochen. Den Pudding vom Herd nehmen.

3
Den Pudding sofort zur Quark-Joghurt-Mischung geben und alles cremig verrühren. Die angetauten Himbeeren unter die Creme heben.

Die Creme schmeckt nicht nur als Aufstrich auf Brot oder Brötchen, sondern ist auch sehr fein als Dessert.

3,5 Fettpunkte

SCHOKOAUFSTRICH

Für 4 Personen

Zutaten:

250 g Quark (0,3 % Fett)
Mineralwasser
20 g Kakaopulver, stark entölt
15 g Kokosraspel
flüssiger Süßstoff oder Zucker

1

Den Quark mit ganz wenig Mineralwasser verrühren, sodass eine streichfähige Masse entsteht. Das Kakaopulver und die Kokosraspel dazugeben und unterrühren.

2

Den Quark mit wenig Süßstoff oder etwas Zucker süßen. Den Schokoaufstrich 30 Minuten in den Kühlschrank stellen.

Bei Kakaopulver wird in ungezuckerte Sorten mit unterschiedlichem Fettgehalt und gezuckerte Sorten unterschieden. Verwenden Sie am besten fettarmes, stark entöltes Kakaopulver. Es enthält nur noch etwas weniger als 20 Prozent Kakaobutter.

(1) **1,2 Fettpunkte**

FETA-OLIVEN-AUFSTRICH

1

Den Fetakäse zerkleinern und mit Joghurt, Frischkäse und Tomatenmark in einer Schüssel verrühren.

2

Die Oliven fein würfeln. Schalotte und Knoblauch schälen. Die Schalotte in feine Würfel schneiden. Den Knoblauch durch die Presse drücken. Beides zur Fetamischung geben. Die Tomaten klein schneiden und ebenfalls dazugeben.

3

Die Masse mit einem Stabmixer glatt pürieren, mit Salz, Pfeffer, italienischen Kräutern und Basilikum würzen. Den Aufstrich im Kühlschrank ziehen lassen.

Für 20 Portionen (à 20 g)

Zutaten:

200 g Fetakäse (9 % Fett)
50 g Joghurt (0,1 % Fett)
50 g Frischkäse (4 % Fett)
1 EL Tomatenmark
5 grüne Oliven (ohne Stein)
1 Schalotte
1 Knoblauchzehe
6 getrocknete Tomaten
Salz und Pfeffer
1 TL italienische TK-Kräuter
½ TL gehacktes Basilikum

0,7 Fettpunkte

RÄUCHERFORELLENAUFSTRICH

Für 34 Portionen (à 20 g)

Zutaten:
1 EL Kapern
1 Schalotte
2 EL gehackter Dill
(frisch oder tiefgekühlt)
250 g geräuchertes Forellenfilet
90 g saure Sahne (10 % Fett)
250 g Joghurt (0,1 % Fett)
50 g Quark (0,3 % Fett)
1 TL Zitronensaft
Salz und Pfeffer

1
Die Kapern abtropfen lassen. Die Schalotte schälen und in grobe Würfel schneiden. Die Kapern mit der Schalotte und dem Dill im Mixer oder mit einem Stabmixer zerkleinern. Das Forellenfilet klein schneiden, zur Zwiebelmischung geben und alles noch einmal durchmixen.

2
Saure Sahne, Joghurt, Quark und Zitronensaft in eine Schüssel geben und mit einem Schneebesen verrühren. Die Forellenmischung unterziehen. Den Aufstrich nach Geschmack mit Salz und Pfeffer würzen.

Der frische Dill hält sich nicht lange und dem getrockneten fehlt es an Aroma. Deshalb das frische aromatische Kraut klein schneiden und einfrieren.

(1)(2)(3)(4)(5)(6) **6,1 Fettpunkte**

KARTOFFEL-KRÄUTER-AUFSTRICH

1

Die Petersilie waschen, trocken schütteln und fein hacken. Den Schnittlauch waschen, trocken schütteln und in feine Röllchen schneiden. Die Kräuter in eine Schüssel geben. Die Zwiebel schälen, fein würfeln und zu den Kräutern hinzufügen. Die Kartoffeln pellen, auf einer Reibe grob reiben und ebenfalls in die Schüssel geben.

2

Die saure Sahne mit dem Joghurt verrühren und zur Kartoffel-Kräuter-Mischung geben. Den Aufstrich mit Salz, Pfeffer und Muskat würzen. Alles mit einem Stabmixer grob pürieren, eventuell noch einmal mit Salz und Pfeffer abschmecken.

Für 350 g

Zutaten:

1 Bund Petersilie
1 Bund Schnittlauch
1 Zwiebel
200 g Pellkartoffeln vom Vortag
60 g saure Sahne (10 % Fett)
40 g Joghurt (0,1 % Fett)
Salz und Pfeffer
frisch geriebene Muskatnuss

①②③④ **4,2 Fettpunkte**

CHAMPIGNON-GURKEN-AUFSTRICH MIT TOMATEN

Für 4 Personen

Zutaten:

80 g Quark (0,3 % Fett)
50 g saure Sahne (10 % Fett)
2 TL Öl
2 TL Senf
2 TL Zitronensaft
2 EL Mineralwasser
4 mittelgroße Pellkartoffeln vom Vortag
4 Schalotten
120 g Champignons
120 g Salatgurke
½ Bund Dill
Salz und Pfeffer
16 Kirschtomaten
8 Scheiben Baguette

1

Den Quark mit saurer Sahne, Öl, Senf, Zitronensaft und Mineralwasser cremig rühren.

2

Die Pellkartoffeln pellen und die Schalotten schälen. Beides in sehr kleine Würfel schneiden. Die Champignons putzen, trocken abreiben und fein würfeln. Die Salatgurke schälen, längs halbieren und in dünne Scheibchen hobeln oder schneiden.

3

Den Dill waschen, trocken schütteln und fein hacken. Die vorbereiteten Zutaten unter den Quark mischen. Mit Salz und Pfeffer würzen. Die Tomaten waschen und halbieren.

4

Den Champignon-Gurken-Aufstrich mit den Tomatenhälften auf vier Tellern anrichten. Pro Person 2 Scheiben Baguette dazu reichen.

1 Fettpunkt

KRÄUTERCREME

Für 2 Personen

Zutaten:

100 g Quark (0,3 % Fett)
20 g Schmelzkäse (9 % Fett)
3 EL Mineralwasser
1 Knoblauchzehe
½ EL Schnittlauchröllchen
½ EL gehackte Petersilie
Salz und Pfeffer

1

Den Quark mit dem Schmelzkäse und 2 EL Mineralwasser in einer Schüssel mit einem Schneebesen glatt rühren. Den Knoblauch schälen und durch die Presse dazudrücken.

2

Schnittlauchröllchen und Petersilie dazugeben und unter den Quark rühren. Je nach Konsistenz das restliche Mineralwasser unterschlagen. Den Schnittlauch-Petersilien-Aufstrich mit Salz und Pfeffer würzen, in ein Schälchen füllen und servieren.

Dazu schmeckt ein Bagel pro Person. Berechnen Sie pro Bagel einen zusätzlichen Fettpunkt.

(1)(2) **2,5 Fettpunkte**

GEMÜEPESTO

Für 2 Personen

Zutaten:

2 mittelgroße Tomaten
1 kleine rote Zwiebel
1 kleine Möhre
15 g grünes Pesto (33 % Fett)
1 EL TK-Schnittlauchröllchen
Salz und Pfeffer

1

Die Tomaten waschen, in Achtel schneiden und sehr klein würfeln. Die Zwiebel schälen und fein hacken. Die Möhre putzen, schälen und sehr klein hacken.

2

Das grüne Pesto mit Tomaten, Zwiebel, Möhre und Schnittlauchröllchen verrühren. Das Gemüsepesto mit Salz und Pfeffer würzen und mindestens 1 Stunde in den Kühlschrank stellen und ziehen lassen.

Dazu schmeckt ein Bagel pro Person. Berechnen Sie dafür jeweils einen zusätzlichen Fettpunkt.

Statt einer kleinen roten Zwiebel können Sie auch eine Schalotte verwenden. Schalotten sind von Natur aus meistens kleiner.

① ② ③ ④ ⑤ ⑥ ⑦ **7,5 Fettpunkte**

ZAZIKI MIT QUARK

1

Quark und saure Sahne in eine Schüssel geben und verrühren. Die Salatgurke waschen, abtrocknen und mit Schale in ganz kleine Stücke schneiden. Die Gurkenstücke in ein Tuch geben und das Wasser ausdrücken. Den Knoblauch schälen und durch die Presse in die Schüssel drücken.

2

Die Gurkenstücke und Gartenkräuter dazugeben und unterrühren. Das Zaziki mit Salz und Pfeffer würzen und im Kühlschrank ziehen lassen.

Dazu schmecken Pellkartoffeln.

Ergibt 600 g

Zutaten:

500 g Quark (0,5 % Fett)
50 g saure Sahne (10 % Fett)
½ Bio-Salatgurke
1 Knoblauchzehe
1 EL TK-Gartenkräuter
Salz und Pfeffer

1 1,2 Fettpunkte

BAGEL MIT APFELAUFSTRICH

Für 2 Personen

Zutaten:

1 Apfel
100 g Quark (0,3 % Fett)
1 TL Zitronesaft
4 EL Mineralwasser
1 EL Honig
1 Prise Zimtpulver
2 Bagels

1

Den Apfel schälen, vierteln und entkernen. Die Viertel auf einer Reibe fein reiben. Die Apfelraspel mit Quark und Zitronensaft vermengen. Das Mineralwasser mit dem Honig verrühren und unter die Quarkmischung rühren. Den Aufstrich mit Zimtpulver würzen.

2

Die Bagels waagerecht aufschneiden und den Aufstrich jeweils auf der unteren Hälfte der Bagels verteilen. Die obere Hälfte dann darauflegen.

6 Fettpunkte

BAGEL MIT BANANEN-SCHOKO-AUFSTRICH

Für 4 Personen

Zutaten:
1 kleine Banane
200 g saure Sahne (10 % Fett)
2 TL Honig
etwas Zitronensaft
30 g Schokosirup
(z. B. von Nesquick)
4 Bagels

1
Die Banane schälen und mit einer Gabel fein zerdrücken. Das Bananenmus in einer Schüssel mit saurer Sahne, Honig und etwas Zitronensaft und Schokosirup verrühren.

2
Die Bagels waagerecht aufschneiden. Den Aufstrich auf den unteren Hälften der Bagels verteilen. Die obere Hälfte jeweils darauflegen.

Schokosirup ist ein Fertigprodukt mit nur 1,2 g Fett pro 100 g und passt in kleinen Mengen auch als Topping zu Früchten.

4,6 Fettpunkte

BAGEL MIT KRABBENRÜHREI

Für 2 Personen

Zutaten:

2 Bagels
1 Ei (Größe M)
1 Eiweiß (Größe M)
Salz
frisch geriebene Muskatnuss
80 g Krabben
2 EL Mineralwasser

1

Die Bagels jeweils waagerecht aufschneiden. Das Ei mit Eiweiß, Salz und Muskat in eine Schüssel geben und verquirlen. Die Krabben dazugeben und untermischen.

2

Das Mineralwasser in eine beschichtete Pfanne geben und erhitzen. Wenn es dampft, die Ei-Krabben-Mischung dazugeben und unter Rühren stocken lassen, bis das Eiweiß nicht mehr flüssig ist.

3

Das Krabbenrührei auf den unteren Hälften der Bagels verteilen und die obere Hälfte jeweils darauflegen. Noch warm servieren.

Das übrige Eigelb anderweitig verwenden, zum Beispiel für Pancakes (siehe S. 238) und Kuchen oder für das nächste Mal einfrieren.

3,8 Fettpunkte

GEMÜSESANDWICH AUS DEM OFEN

1

Das altbackene Brötchen zerkleinern und in der Milch einweichen. Die Paprikahälften putzen, waschen und sehr fein hacken. Die Möhre putzen, schälen und fein reiben.

2

Das Brötchen ausdrücken und in einer Schüssel mit Paprika, Möhre, Mais und Tatar zu einer gleichmäßigen Masse verarbeiten.

3

Die Masse mit Salz und Pfeffer würzen und auf die Toastbrotscheiben streichen. Die Toastscheiben diagonal durchschneiden, auf ein Backblech setzen und im Backofen (Mitte) bei 160 °C (Umluft) 10–12 Minuten überbacken. Die Sandwiches herausnehmen und sofort servieren.

Für 4 Personen

Zutaten:

1 altbackenes Brötchen
100 ml Milch (0,3 % Fett)
½ rote Paprika
½ gelbe Paprika
1 Möhre
30 g Mais (aus der Dose)
200 g Tatar (3 % Fett)
Salz und Pfeffer
8 Scheiben Vollkorntoast

(1)(2)(3) **3,5 Fettpunkte**

THUNFISCHSANDWICH

Für 2 Personen

Zutaten:

130 g Thunfisch (im eigenen Saft)
1 rote Zwiebel
1 große Fleischtomate
1 Bund Petersilie
60 g Mozzarella (8,5 % Fett)
Salz und Pfeffer
4 Scheiben Bauernbrot (à 30 g)

1

Den Thunfisch abtropfen lassen und mit einer Gabel zerpflücken. Die Zwiebel schälen und fein hacken. Die Tomate waschen, achteln und in kleine Würfel schneiden. Die Petersilie waschen, trocken schütteln und fein hacken. Den Mozzarella abtropfen lassen und sehr fein würfeln.

2

Alle vorbereiteten Zutaten in einer Schüssel vermischen und mit Salz und Pfeffer würzen. Dann 2 Scheiben Brot mit der Thunfischmischung bestreichen und die übrigen Brotscheiben darauflegen. Dann das Brot je nach Sorte diagonal oder längs durchschneiden.

1 2 3 4 5 6 **5,6 Fettpunkte**

BAGUETTE MIT FORELLEN-MEERRETTICH-QUARK

Für 4 Personen

Zutaten:

120 g Quark (0,3 % Fett)
Mineralwasser
1½ TL Zitronensaft
1 TL Meerrettich (aus dem Glas)
350 g geräuchertes Forellenfilet
schwarzer Pfeffer
12 Scheiben Baguette
1 Schalotte
6 Kirschtomaten
einige Stängel Dill

1

Den Quark mit etwas Mineralwasser, Zitronensaft und Meerrettich cremig rühren. Die Forellenfilets mit einem Messer sehr fein hacken und unter den Quark mischen. Den Quark mit Pfeffer würzen.

2

Die Baguettescheiben mit dem Forellen-Meerrettich-Quark bestreichen. Die Schalotte schälen und in feine Ringe schneiden. Die Tomaten waschen und halbieren.

3

Die Tomatenhälften und Schalottenringe auf die Brotscheiben legen. Den Dill waschen, trocken tupfen und die Scheiben damit dekorieren.

1 1,3 Fettpunkte

BAGUETTEBRÖTCHEN MIT GEFLÜGELCREME

Für 4 Personen

Zutaten:

4 große Baguettebrötchen
½ Bio-Salatgurke
1 Bund Radieschen
100 g Geflügelbratenaufschnitt, hauchfein geschnitten
1 große Tomate
50 g Kräuterfrischkäse (3 % Fett)
70 g Tomatenmark
Salz und Pfeffer
Paprikapulver (edelsüß)

1

Die Brötchen der Länge nach halbieren. Die Salatgurke waschen und in dünne Scheiben schneiden. Die Radieschen putzen, waschen und sehr klein würfeln. Den Aufschnitt fein hacken. Die Tomate waschen, vierteln und klein schneiden.

2

Radieschen, Aufschnitt, Tomate, Frischkäse und Tomatenmark in einem hohen Gefäß mit einem Stabmixer fein pürieren. Mit Salz, Pfeffer und Paprikapulver würzen.

3

Die unteren Hälften der Brötchen damit bestreichen, mit den Gurkenscheiben belegen und mit etwas Paprikapulver bestreuen. Die oberen Brötchenhälften darauflegen.

8 Fettpunkte

SCHNELLE PIZZA

1

Die Brötchen der Länge nach aufschneiden. Die Paprikaschote halbieren, putzen, waschen und fein würfeln. Beide Schinkensorten ebenfalls in sehr feine Würfel schneiden.

2

Paprika mit Schinken, Reibekäse, Mais, Cremefine, Tomatenmark und Oregano vermischen. Die Brötchenhälften damit gleichmäßig bestreichen und auf ein Backblech setzen. Die Brötchen im Backofen (Mitte) bei 180 °C (Umluft) 15–20 Minuten überbacken. Sofort servieren.

Für 4 Personen

Zutaten:

4 Brötchen (nach Geschmack)
1 orange Paprika
100 g gekochter Schinken (3 % Fett)
100 g Lachsschinken (2 % Fett)
100 g Reibekäse (14 % Fett)
100 g Mais (aus der Dose)
100 ml Cremefine (7 % Fett)
30 g Tomatenmark
1 TL getrockneter Oregano

Die schnelle Pizza schmeckt besonders gut mit Ciabatta- oder Baguettebrötchen. Wer es körniger mag, nimmt nach Belieben Vollkornbrötchen.

Dips & Saucen

3,8 Fettpunkte

QUARK-ZWIEBEL-DIP

Den Quark mit der sauren Sahne in einer Schüssel verrühren. Die Zwiebel und den Knoblauch schälen. Beides fein hacken und zur Quarkmischung geben. Mit Salz und Pfeffer würzen. Den Dill waschen, trocken schütteln, fein hacken und unter den Dip rühren.

Der Dip passt zu Ofenkartoffeln.

Ergibt 340 g

Zutaten:
250 g Quark (0,3 % Fett)
30 g saure Sahne (10 % Fett)
1 kleine Zwiebel
1 kleine Knoblauchzehe
Salz und Pfeffer
1 Stängel Dill

1,2 Fettpunkte

MEERRETTICHDIP

Quark mit Joghurt in einer Schüssel verrühren. Meerrettich, Zitronensaft und etwas Worcestersoße dazugeben und unterrühren. Die Apfelhälfte schälen, entkernen, fein raspeln und unter die Quarkmischung rühren. Den Dip mit Salz, Pfeffer und etwas Worcestersoße abschmecken und im Kühlschrank 1 bis 2 Stunden ziehen lassen.

Der Dip passt zu Tafelspitz, Fisch, geräuchertem Forellenfilet und Wildlachs.

Ergibt 270 g

Zutaten:
125 g Quark (0,3 % Fett)
50 g Joghurt (1,5 % Fett)
1 EL Meerrettich (aus dem Glas)
1 TL Zitronensaft
Worcestersoße
½ säuerlicher Apfel
Salz und Pfeffer

4,2 Fettpunkte

KRESSEDIP

Ergibt 240 g

Zutaten:

100 g Joghurt (1,5 % Fett)
50 g Quark (0,3 % Fett)
50 g Mayonnaise
(4,9 % Fett, z. B. Salatcreme)
2 Kästchen Gartenkresse
Salz und Pfeffer

1

Den Joghurt mit Quark und fettarmer Mayonnaise in einer Schüssel verrühren. Die Kresse vom Beet schneiden, waschen, trocken tupfen und fein hacken.

2

Die Kresse unter den Joghurt-Quark mischen. Den Dip mit wenig Salz und Pfeffer würzen und im Kühlschrank einige Stunden ziehen lassen.

Der Dip passt zu kurz gebratenem magerem Fleisch und Gemüsesticks.

Wer möchte, nimmt anstelle von Kresse 1 Bund frisch gehackten Dill oder 1 Päckchen TK-Dill.
TIPP

3,9 Fettpunkte

KRÄUTER-QUARK-DIP

Ergibt 370 g

Zutaten:
150 g Quark (0,3 % Fett)
30 g saure Sahne (10 % Fett)
50 g Joghurt (0,1 %)
1 Knoblauchzehe
1 Bund Schnittlauch
1 Bund Petersilie
1 Bund Dill
1 Bund Estragon
50 g Salatgurke
Salz und Pfeffer

1
Den Quark mit der sauren Sahne und dem Joghurt in einer Schüssel verrühren. Den Knoblauch schälen und durch die Presse dazudrücken. Die Kräuter waschen und trocken schütteln. Den Schnittlauch in Röllchen schneiden. Petersilie, Dill und Estragon fein hacken.

2
Die Salatgurke schälen, der Länge nach halbieren, entkernen und in sehr feine Würfel schneiden oder raspeln. Mit den Kräutern unter die Quarkmischung rühren. Den Dip mit Salz und Pfeffer würzen und im Kühlschrank 1 bis 2 Stunden ziehen lassen.

Der Dip passt zu Fleisch und Ofenkartoffeln.

Noch schneller ist der Dip mit TK-Kräutern gerührt, zum Beispiel mit einer 8-Kräutermischung.
TIPP

1 2 3 4 5 6 7 **6,6 Fettpunkte**

SCHARFER BANANENDIP

Für 330 g

Zutaten:

75 g Joghurt (0,1 % Fett)
50 g Quark (0,3 % Fett)
½ TL scharfer Senf
1 große reife Banane
10 g Kokosraspel
Salz und Pfeffer

1

Den Joghurt mit dem Quark und ½ TL Senf in einer Schüssel verrühren. Die Banane schälen, in Stücke schneiden und mit einer Gabel fein zerdrücken oder mit einem Stabmixer pürieren.

2

Das Bananenmus und die Kokosraspel unter die Joghurtmischung rühren. Den Dip kräftig mit Salz, Pfeffer und etwas Senf abschmecken und im Kühlschrank 1 bis 2 Stunden ziehen lassen.

Der Dip passt zu Fondue oder Grillfleisch.

0,4 Fettpunkte

SCHNELLES JOGHURTDRESSING

Den Joghurt mit der Milch, den Kräutern der Provence und dem Basilikum verrühren. Das Dressing mit Salz und Pfeffer würzen.

Das Dressing passt zu Tomatensalat, Kopfsalat, Schinken-Feta-Salat (siehe S. 152).

Ergibt 250 g

Zutaten:

200 g Joghurt (0,1 % Fett)
50 ml Milch (0,3 % Fett)
½ TL Kräuter der Provence
½ TL gehacktes Basilikum
Salz und Pfeffer

1 2 3 4 5 6 7 8 9 10 **10 Fettpunkte**

DILLSAUCE

Alle Zutaten in ein hohes Gefäß geben und mit einem Stabmixer zu einer homogenen Masse mixen. Die Sauce im Kühlschrank 2 Tage ziehen lassen. Sie hält sich im Kühlschrank 4 bis 5 Tage.

Die Sauce passt zu gedünstetem Fischfilet und Lachs.

Ergibt 140 g

Zutaten:

1 Päckchen TK-Dill
3 EL Balsamico-Essig
2 EL mittelscharfer Senf
2 EL Honig
2 EL süßer Senf
1 EL Olivenöl

(1)(2) **2,5 Fettpunkte**

TEUFELSSAUCE

Ergibt 270 g

Zutaten:
50 g Mayonnaise
(4,9 % Fett, z. B. Salatcreme)
1 EL Tomatenmark
Chilisauce
1 Zwiebel
1 Knoblauchzehe
2 kleine Gewürzgurken
Salz und Pfeffer

1
Die fettarme Mayonnaise mit Tomatenmark und 4 EL Chilisauce in einer Schüssel verrühren. Zwiebel und Knoblauch schälen, die Zwiebel fein hacken. Die Gewürzgurken in sehr kleine Würfel schneiden. Zwiebel und Gewürzgurken ebenfalls in die Schüssel geben und den Knoblauch durch die Presse dazudrücken.

2
Alles verrühren. Die Sauce mit Salz, Pfeffer und eventuell mit etwas Chilisauce scharf abschmecken.

Die Sauce passt zu Fondue und gegrilltem oder kurz gebratenem Fleisch.

2,7 Fettpunkte

BÉCHAMELSAUCE

1

Die Zwiebel schälen und sehr fein hacken. Den Schinken in sehr kleine Würfel schneiden und beides beiseitestellen. 2 EL Wasser mit Milch und Mehl in einer Schüssel verrühren.

2

Den Puderzucker in eine beschichtete Pfanne geben und schmelzen lassen, Zwiebel und Schinken darin kurz andünsten. Das angerührte Mehl in die Pfanne zu der Zwiebel-Schinken-Mischung geben, aufkochen und 2 bis 3 Minuten köcheln lassen.

3

Die Sauce mit Salz, Pfeffer, Muskat und gekörnter Brühe würzen. Sollte die Sauce zu dick sein, noch etwas Wasser unterrühren.

4

Die Sauce passt zu Gemüse wie Blumenkohl, Brokkoli oder Fenchel und zu Pellkartoffeln.

Ergibt 450 g

Zutaten:

1 Zwiebel
50 g gekochter Schinken
250 ml Milch (0,3 % Fett)
40 g Mehl
1 TL Puderzucker
Salz und Pfeffer
frisch geriebene Muskatnuss
1 TL gekörnte Brühe

1 2 3 4 5 6 7 8 9 10 11 12 … **20,1 Fettpunkte**

CURRY-KOKOS-SAUCE

Ergibt 200–250 ml

Zutaten:

1 Knoblauchzehe
1 Stück Ingwer (2 cm)
1 TL Kokosöl
2 EL rote Currypaste
100 ml Kokosmilch (12 % Fett)
200 ml Milch (1,5 % Fett)
1 EL Hartweizengrieß
Salz und Pfeffer

1

Knoblauch und Ingwer schälen und beides in feine Würfel schneiden.

2

Das Kokosöl in einer beschichteten Pfanne erhitzen, Knoblauch und Ingwer darin etwa 1 Minute andünsten. Die Currypaste unterrühren. Kokosmilch und Milch dazugeben und unter Rühren aufkochen. Die Sauce bei kleiner Hitze ca. 10 Minuten köcheln lassen.

3

Den Grieß dazugeben und unterrühren. Alles unter Rühren weitere 5 Minuten köcheln lassen. Die Sauce mit Salz und Pfeffer würzen.

Die Sauce passt zu Geflügel, Fisch und Reis.

Scharfe Currypaste und fettarme Kokosmilch geben der Sauce einen asiatischen Touch. Beide Zutaten gibt es im Supermarkt.

5,6 Fettpunkte

SCHINKENSAUCE

1

Die Champignons putzen, mit einem Pinsel oder Küchenpapier abreiben und in Würfel schneiden. Die Zwiebel schälen und fein hacken.

2

Das Öl in einer beschichteten Pfanne erhitzen, Zwiebel und Schinkenwürfel darin 3 Minuten anbraten. Die Pilze dazugeben und einige Minuten mit anbraten.

3

Den Fond und Rotwein dazugeben. Das Mehl mit wenig Wasser verrühren und unter die Pilz-Schinken-Mischung geben. Die Sauce unter Rühren aufkochen.

Die Sauce passt zu Nudelgerichten und Auflauf.

Ergibt 410 g

Zutaten:

250 g frische Champions
1 Zwiebel
1 TL Öl
20 g Schinkenwürfel (2 % Fett)
1 EL Bratenfond (aus dem Glas)
1 EL Rotwein
20 g Mehl
Sojasauce
Salz und Pfeffer

(1) **0,7 Fettpunkte**

TOMATENSAUCE

Ergibt 260 g

Zutaten:

150 ml passierte Tomaten
100 g Tomatenmark
2 TL Tomatengewürz
1 TL gehacktes Basilikum
1 gestrichener TL Kräuter der Provence
10 g Mehl
3 Tropfen Hot Salsasauce

1

Die passierten Tomaten und das Tomatenmark in einem Topf unter Rühren aufkochen. Die Sauce mit Tomatengewürz, Basilikum und den Kräutern der Provence abschmecken und noch einmal aufkochen.

2

Das Mehl mit wenig Wasser verrühren und unter die Tomatensauce mischen. Die Sauce unter Rühren aufkochen und zum Schluss mit der Hot Salsasauce abschmecken.

Die Sauce passt zu Pasta und Gnocchi.

8,9 Fettpunkte

ZWIEBELSAUCE

1

Die Zwiebeln schälen und in Ringe schneiden. Das Mehl mit 500 ml Wasser verrühren. Das Öl in einem Topf erhitzen, die Zwiebelringe darin glasig andünsten. Das angerührte Mehl dazugeben und unter Rühren aufkochen.

2

Die Sauce mit Salz, Paprikapulver, etwas Essig und Zucker abschmecken. Zum Schluss Cremefine unter die Sauce rühren.

Die Sauce passt zu Fleischgerichten mit Kartoffeln.

Ergibt 750 g

Zutaten:

150 g Zwiebeln
40 g Mehl
1 TL Öl
Salz
Paprikapulver (edelsüß)
Weißweinessig
1 Prise Zucker
50 ml Cremefine (7 % Fett)

Cremefine gibt es in verschiedenen Fettstufen und ohne Laktose. Das Ersatzprodukt besteht hauptsächlich aus Wasser und Magermilch, fünf Zusatzstoffen und gehärteten Fetten, also Augen auf beim Einkaufen. Sie wird wie Schmand oder Sahne unter die fertige Sauce gerührt und macht sie etwas cremiger.

Rohkost, Salat & Gemüse

0,8 Fettpunkte

MÖHREN-APFEL-ROHKOST

Für 6 Personen

Zutaten:
1 kg Möhren
1 Zitrone
1 großer Apfel
1 Prise Zucker
1 TL Öl
1 Msp. Salz
250 ml Orangensaft

1

Die Möhren putzen, schälen und auf einer Reibe fein raspeln. Die Zitrone auspressen. Den Apfel schälen, grob raspeln und sofort mit dem Zitronensaft beträufeln, damit die Apfelraspel nicht braun werden.

2

Die Apfelraspel unter die Möhren mischen. Die Rohkost mit Zucker, Öl, Salz und Orangensaft vermischen. Die Rohkost mindestens 1 Stunde ziehen lassen.

Wer möchte, kann die Rohkost mit 1 TL Zucker oder ein paar Tropfen flüssigem Süßstoff nachsüßen. Doch der Apfel und Orangensaft machen die Rohkost süß genug.
TIPP

2,5 Fettpunkte

PASTINAKENSALAT MIT HONIG

Für 4 Personen

Zutaten:
500 g Pastinaken
300 g Äpfel
1–2 EL Zitronensaft
1–2 EL Orangensaft
1 Prise Zimtpulver
2 TL Honig
10 g Öl

1
Die Pastinaken schälen und auf einer Reibe fein raspeln. Die Äpfel schälen, vierteln, entkernen und in hauchdünne Spalten schneiden.

2
Für das Dressing den Zitronensaft mit Orangensaft, Zimtpulver und Honig in einer Schüssel verrühren. Das Öl dazugeben und mit einem Schneebesen unterschlagen. Pastinaken und Äpfel untermischen und den Salat kurz ziehen lassen.

5 Fettpunkte

TOMATEN-ZWIEBELPLATTE

Für 1 Person

Zutaten:
3 Tomaten
1 große Zwiebel
2–3 Tropfen Weißweinessig
1 TL Rapsöl
Salz und Pfeffer
1 TL gekörnte Brühe

1
Die Tomaten waschen und in Scheiben schneiden. Die Zwiebel schälen und in Ringe schneiden. Tomatenscheiben auf einer Platte anrichten und mit Zwiebelringen belegen.

2
Mit Essig und Rapsöl beträufeln und mit Salz, Pfeffer und gekörnter Brühe würzen.

3,3 Fettpunkte

COLESLAW

Für 4 Personen

Zutaten:
1 Spitzkohl (ca. 800 g)
2 Möhren
2 kleine Zwiebeln
½ Zitrone
2 TL Zucker
250 g Mayonnaise
(4,9 % Fett, z. B. Salatcreme)
100 ml Milch (0,3 % Fett)
Salz und Pfeffer
flüssiger Süßstoff (nach Belieben)

1
Den Kohl putzen, vierteln und den harten Strunk entfernen. Die Kohlviertel in feine Streifen schneiden oder raspeln und waschen. Die Kohlstreifen in einem Sieb abtropfen lassen.

2
Die Möhren putzen, schälen und ebenfalls fein raspeln. Die Zwiebeln schälen und fein haken. Mit dem Kohl und den Möhrenraspeln in einer Schüssel vermischen.

3
Die Zitrone auspressen und den Saft mit Zucker, fettarmer Mayonnaise und Milch verrühren. Das Dressing mit Salz, Pfeffer und nach Belieben mit etwas flüssigem Süßstoff würzen.

4
Den Kohl mit dem Dressing gut vermengen und den Coleslaw mindestens 2 Stunden ziehen lassen.

①②③ **3,3 Fettpunkte**

WEISSKRAUTSALAT MIT CRANBERRYS

Für 6 Personen

Zutaten:

550 g Weißkohl
350 g Möhren
500 g süße Äpfel
(z. B. Elstar oder Gala)
70 g Cranberrys
125 ml Orangensaft
2–3 EL Zitronensaft
1 TL Currypulver
Salz und Pfeffer
etwas frisch geriebener Ingwer
(Tipp S. 109)
2 EL Olivenöl

1

Den Weißkohl putzen, vierteln und den harten Strunk entfernen. Die Kohlviertel in feine Streifen schneiden oder raspeln und waschen. Die Kohlstreifen in einem Sieb abtropfen lassen. Die Möhren putzen, schälen und grob raspeln. Die Äpfel waschen, abtrocknen, halbieren und entkernen. Die Äpfel mit der Schale grob raspeln. Mit den Weißkohlstreifen und Cranberrys in einer Schüssel gut vermischen.

2

Den Orangensaft mit Zitronensaft, Currypulver, Salz, Pfeffer und dem Ingwer verrühren. Das Olivenöl unterrühren und eventuell etwas Wasser dazugeben. Den Weißkohl mit dem Dressing gut vermengen und den Krautsalat mindestens 45 Minuten ziehen lassen.

3,5 Fettpunkte

KIDNEYBOHNEN-MAIS-SALAT

1

Die Kidneybohnen in einem Sieb abspülen und abtropfen lassen. Den Mais ebenfalls abtropfen lassen.

2

Die Zwiebeln schälen und fein hacken. Die Paprikaschote halbieren, putzen, waschen und in kleine Stücke schneiden. Den Weißkohl putzen, waschen und in Streifen schneiden oder hobeln. Die Äpfel waschen, vierteln, entkernen und in kleine Stücke schneiden. Die Kidneybohnen mit Mais, Zwiebeln, Paprika, Weißkohl, Äpfeln und Blaubeeren in einer Schüssel gut vermengen.

3

Salatfix mit etwas Wasser und der sauren Sahne verrühren. Den Salat mit dem Dressing gut vermengen und mit Salz abschmecken.

Für 4 Personen

Zutaten:

500 g Kidneybohnen (aus der Dose)
285 g Mais (aus der Dose)
2 Zwiebeln
1 rote Paprikaschote
300 g Weißkohl
2 Äpfel (z. B. Pink Lady)
50 g Blaubeeren
2 Päckchen Salatfix mit Dill
50 g saure Sahne (10 % Fett)
Salz

Den Weißkohl können Sie zur Abwechslung auch mal durch Eisbergsalat in Streifen ersetzen, und anstelle von Blaubeeren schmecken darin auch Brombeeren.
TIPP

2,5 Fettpunkte

CHAMPIGNONSALAT

Für 4 Personen

Zutaten:
750 g frische Champignons
4 EL Zitronensaft
Salz
1 Lorbeerblatt
1 EL Olivenöl
Salz und Pfeffer
1 Bund Petersilie
1 Knoblauchzehe
Chiliflocken

1

Die Champignons putzen und trocken abreiben. Wasser mit 2 EL Zitronensaft, Salz und Lorbeerblatt in einem Topf aufkochen. Die Champignons darin 5 Minuten sprudelnd kochen lassen.

2

Die Pilze herausnehmen, abtropfen lassen und in dicke Scheiben schneiden. Die Pilzscheiben in eine Schüssel geben. Olivenöl und restlichen Zitronensaft dazugeben und untermischen. Die Pilze mit Salz und Pfeffer würzen.

3

Die Petersilie waschen, trocken schütteln und fein hacken. Den Knoblauch schälen und in feine Scheiben schneiden. Petersilie und Knoblauch unter die Pilze mischen. Den Salat mit Salz, Pfeffer und Chiliflocken abschmecken und 1 bis 2 Stunden ziehen lassen.

Frische Champignons möglichst nicht waschen – nur putzen, also den Stiel etwas kürzen und mit einem Pinsel oder Küchenpapier abreiben.
TIPP

1,8 Fettpunkte

PRINZESSBOHNENSALAT

Für 4 Personen

Zutaten:

1 kg Prinzessbohnen (frisch oder tiefgekühlt)
Salz
2 rote Zwiebeln
1 TL Rapsöl
80 g Schinkenwürfel (2 % Fett)
20 g Frischkäse (0,2 % Fett)
Salz und Pfeffer
1 EL Weißweinessig

1

Die frischen Bohnen waschen, putzen und in Stücke schneiden. Salzwasser in einem Topf aufkochen, die frischen oder unaufgetauten Bohnen darin 8 bis 10 Minuten garen. Die Bohnen herausnehmen, abtropfen und abkühlen lassen.

2

Die Zwiebeln schälen und fein hacken. Das Öl in einer beschichteten Pfanne erhitzen, die Zwiebeln und Schinkenwürfel darin bei kleiner Hitze 4 Minuten anbraten.

3

Die Zwiebel-Schinken-Mischung herausnehmen und den Frischkäse unterrühren. Mit den Bohnen vermischen. Den Bohnensalat mit Salz, Pfeffer und Essig abschmecken.

5 Fettpunkte

ROTE-BETE-SALAT MIT FRISCHKÄSE

Für 4 Personen

Zutaten:

750 g Rote Bete
2 Frühlingszwiebeln
4 EL Apfelessig
1 TL Honig
Salz und Pfeffer
1 EL Olivenöl
250 g Frischkäse (4 % Fett)
2 EL Schnittlauchröllchen
1 TL Meerrettich (aus dem Glas)

1

Rote Bete ungeschält in kochendem Wasser ca. 50 Minuten garen, bis sie weich sind. Dann abgießen, schälen und in kleine Würfel schneiden.

2

Die Frühlingszwiebeln putzen, waschen und in feine Ringe schneiden. Den Essig mit Honig, Salz und Pfeffer verrühren. Das Olivenöl mit einem Schneebesen unterschlagen. Rote Bete und Frühlingszwiebeln mit dem Dressing mischen und den Salat 30 bis 45 Minuten ziehen lassen.

3

Den Frischkäse mit den Schnittlauchröllchen und dem Meerrettich in einer Schüssel vermischen. Den Rote-Bete-Salat auf vier Tellern anrichten und den Frischkäse teelöffelweise darauf verteilen.

Wer Zeit sparen möchte, kauft vorgegarte, vakuumverpackte Rote-Bete-Knollen – die gibt es meist in der Gemüseabteilung.

1,2 Fettpunkte

FRUCHTIGER EISBERGSALAT

1
Den Eisbergsalat putzen und in Blätter teilen. Die Salatblätter waschen, trocken tupfen und klein zupfen. Die Zwiebel schälen, halbieren, in Halbringe schneiden und mit dem Salat mischen.

2
Das Öl mit Essig, Salz und Pfeffer verrühren. Die Früchte waschen, je nach Sorte putzen, schälen oder entsteinen und klein schneiden. Den Salat mit dem Dressing mischen und die Früchte vorsichtig unterheben.

Für 4 Personen

Zutaten:
1 Eisbergsalat
1 rote Zwiebel
1 TL Öl
2 EL Holunderblütenessig
Salz und Pfeffer
400 g Früchte der Saison (z. B. Erdbeeren, Himbeeren, Bananen, Ananas, Pfirsiche, Orangen)

TIPP
Holunderblütenessig schmeckt süßlich, kann selbst gemacht oder im Fachhandel gekauft werden.

1,9 Fettpunkte

SCHINKEN-FETA-SALAT

Für 6 Personen

Zutaten:
Schnelles Joghurtdressing
(siehe S. 135)
5 Möhren
1 Kohlrabi
1 Bund Radieschen
2 Tomaten
1 rote Paprika
100 g Fetakäse (9 % Fett)
100 g Schinkenwürfel (2 % Fett)

1
Das schnelle Joghurtdressing von Seite 135 zubereiten.

2
Die Möhren und den Kohlrabi schälen. Die Radieschen putzen und waschen. Die Tomaten waschen und in Scheiben schneiden. Möhren, Kohlrabi und Radieschen auf einer Juliennereibe oder Küchenreibe in feine Streifen raspeln. Die Paprikaschote halbieren, putzen, waschen und in kleine Stücke schneiden. Den Fetakäse in mundgerechte Würfel schneiden.

3
Alle vorbereiteten Zutaten mit den Schinkenwürfeln und dem Joghurtdressing in einer Schüssel vermischen.

1,9 Fettpunkte

SELLERIE-LAUCH-SALAT MIT ANANAS

1

Den Selleriesalat und Mais oder Erbsen abtropfen lassen. Die Ananas ebenfalls abtropfen lassen und den Saft auffangen (es sollten 220 ml sein) und beiseitestellen. Die Ananas in Stücke schneiden.

2

Den Selleriesalat in eine große Salatschüssel geben. Den Mais oder die Erbsen darauflegen. Die Ananasstücke darauf verteilen. Die Schinkenscheiben in Streifen schneiden und auf der Ananas verteilen. Den Apfel waschen, abtrocknen, in kleine Stückchen schneiden und darauf schichten. Den Lauch putzen, in schmale Ringe schneiden, waschen, abtropfen lassen und auf die Apfelstücke geben.

3

Die fettarme Mayonnaise mit dem aufgefangenen Ananassaft verrühren und über den Schichtsalat gießen. Den Salat abgedeckt über Nacht ziehen lassen. Den Schichtsalat vor dem Servieren nicht mischen.

Für 10 Personen

Zutaten:
190 g Selleriesalat (aus dem Glas)
285 g Mais (oder Erbsen, aus der Dose)
340 g Ananas (aus der Dose)
200 g gekochter Schinken (3 % Fett)
1 Apfel
500 g Lauch
250 g Mayonnaise (4,9 % Fett, z. B. Salatcreme)

3,2 Fettpunkte

GEMÜSESALAT

Für 1 Person

Zutaten:
50 g Mayonnaise
(4,9 % Fett, Salatcreme)
50 g Joghurt (1,5 % Fett)
einige Tropfen Balsamico-Essig
Salz und Pfeffer
1 kleine Zwiebel
100 g frische Champignons
1 kleiner Zucchino

1
Die fettarme Mayonnaise mit dem Joghurt, Essig, Salz und Pfeffer verrühren. Die Zwiebel schälen und fein hacken. Die Champignons putzen und trocken abreiben und in dünne Scheiben schneiden. Den Zucchino waschen, putzen und ebenfalls in dünne Scheiben schneiden.

2
Zwiebel, Champignons und Zucchino in eine Schüssel geben und mit dem Dressing mischen. Den Gemüsesalat mit Salz und Pfeffer abschmecken.

Nach Belieben die Champignons durch 1 kleine orange oder rote Paprika ersetzen. Dann die Paprika halbieren, putzen, waschen und klein würfeln.

①②③④⑤⑥⑦ **6,8 Fettpunkte**

GEMÜSE IN PARMESANSAUCE

1

Zucchini und Auberginen waschen, putzen und in kleine Würfel schneiden. (Oder die Champignons putzen, trocken abreiben und in Scheiben schneiden. Große Pilze vorher halbieren.) Die Zwiebeln schälen und fein würfeln. Den Parmesan fein reiben.

2

Das Öl in einer beschichteten Pfanne erhitzen, die Zwiebeln darin glasig andünsten. Zucchini- und Auberginenwürfel (oder Champignons) dazugeben und 5 Minuten mitdünsten. Das Gemüse mit Salz, Pfeffer und Currypulver würzen und weitere 5 Minuten dünsten.

3

Die Kondensmilch mit der Milch verrühren und zum Gemüse geben und aufkochen. Den Parmesan unterheben und schmelzen lassen.

Dazu passen Salzkartoffeln oder Pellkartoffeln.

Für 4 Personen

Zutaten:
750 g kleine Zucchini
350 g Auberginen
(oder Champignons)
3 Zwiebeln
60 g Parmesan
1 EL Öl
Salz und Pfeffer
2 TL Currypulver
50 ml Kondensmilch (4,0 % Fett)
100 ml Milch (0,3 % Fett)

8 Fettpunkte

CHAMPIGNONS ÜBERBACKEN

Für 4 Personen

Zutaten:
16 Riesenchampignons
½ Zucchino
2 Möhren
1 Zwiebel
200 g Putenbrust
Salz
1 TL Öl
4 Scheiben Gouda (à 33 g, 17 % Fett)
500 ml Milch (0,3 % Fett)
1 TL gekörnte Brühe

1
Die Pilze putzen und trocken abreiben. Die Stiele herausdrehen und klein schneiden. Den Zucchino waschen, putzen und fein raspeln. Die Möhren putzen, schälen und ebenfalls fein reiben. Die Zwiebel schälen und fein hacken.

2
Das Fleisch abspülen, trocken tupfen und in 1 cm kleine Würfel schneiden. Die Fleischwürfel salzen. Das Öl in einer beschichteten Pfanne erhitzen, das Fleisch darin bei starker Hitze in 2 Minuten anbraten, dann herausnehmen.

3
Die Champignonköpfe mit der Öffnung nach oben in eine Auflaufform setzen und das Fleisch hineingeben. Jede Scheibe Käse in vier Quadrate schneiden und je 1 Stück auf einen Champignon legen. Die gehackten Pilzstiele mit Zucchini- und Möhrenraspeln, Zwiebel und Milch verrühren. Die Mischung mit Salz und gekörnter Brühe würzen und um die Champignons herum in die Form geben.

4
Die Pilze mit Alufolie abdecken und im Backofen (Mitte) bei 200 °C (Umluft) 12 bis 15 Minuten überbacken. Die Folie entfernen. Die Pilze in 5 bis 8 Minuten fertig backen.

1 2 3 4 5 6 7 8 **7,7 Fettpunkte**

GEMÜSEAUFLAUF

1

Zucchini, Auberginen, Tomaten und Brokkoli waschen und putzen. Zucchini und Auberginen fein würfeln. Brokkoli hacken. Tomaten halbieren. Spargel schälen und die Enden entfernen, die Stangen in Stücke schneiden. Paprikaschote halbieren, putzen, waschen und ebenfalls würfeln.

2

Die Frühlingszwiebeln putzen, waschen und in Ringe schneiden. Den Knoblauch schälen und durch die Presse drücken. Das Öl in einer großen beschichteten Pfanne erhitzen, Frühlingszwiebeln und Knoblauch darin glasig andünsten. Das Gemüse bis auf die Tomaten dazugeben und 5 Minuten mitdünsten. Die Tomaten hinzufügen und das Gemüse weitere 5 Minuten dünsten.

3

Den Backofen auf 180 °C (Ober- und Unterhitze) vorheizen. Das Gemüse in eine große Auflaufform füllen. Die Eier mit Kondensmilch, Frischkäse und Parmesan mit einem Schneebesen verrühren. Die Mischung salzen und pfeffern und auf dem Gemüse verteilen. Das Gemüse im Backofen (Mitte) 25 bis 30 Minuten backen.

Für 6 Personen

Zutaten:
250 g Zucchini
200 g Auberginen
60 g Cocktailtomaten
250 g Brokkoli
200 g Spargel
1 rote Paprika
1 Bund Frühlingszwiebeln
2 Knoblauchzehen
1 EL Olivenöl
4 Eier (Größe M)
50 ml Kondensmilch (4 % Fett)
100 g Frischkäse (4 % Fett)
20 g geriebener Parmesan
Salz und Pfeffer

5 Fettpunkte

FENCHEL MIT TOMATEN-KRÄUTERKRUSTE

Für 1 Person

Zutaten:

1 Schalotte
2 Tomaten
1 TL Olivenöl
1 EL Paniermehl
1 EL TK-8-Kräutermischung
Salz und Pfeffer
½ Fenchelknolle

1

Die Schalotte schälen und fein würfeln. Die Tomaten waschen, in Achtel schneiden und entkernen. Die Tomatenachtel in kleine Würfel schneiden. Den Backofen auf 180 °C (Ober- und Unterhitze) vorheizen.

2

Das Öl in einer beschichteten Pfanne erhitzen, die Schalotte darin glasig andünsten. Dann herausnehmen und in einer Schüssel mit Tomatenwürfeln, Paniermehl und Kräutern mischen. Die Mischung mit Salz und Pfeffer würzen.

3

Den Fenchel putzen, waschen und den harten Strunk entfernen. Den Fenchel in dicke Scheiben schneiden und in eine Auflaufform legen. Die Tomaten-Kräuter-Mischung auf den Fenchelscheiben verteilen. Den Fenchel im Backofen (Mitte) 15 Minuten überbacken, bis er goldbraun ist.

Dazu passen Kartoffelspalten oder Naturreis.

①②③④⑤ **5,5 Fettpunkte**

SCHNELLER KÜRBIS-FLAMMKUCHEN

1

Den Backofen auf 225 °C (Ober- und Unterhitze) vorheizen. Ein Backblech mit Backpapier auslegen. Den Teig darauf glatt ziehen, sodass er möglichst dünn ist. Die saure Sahne auf den Teig geben und dünn verstreichen.

2

Den Kürbis waschen, putzen und ungeschält in 1 cm große Würfel oder in dünne Scheiben schneiden. Von den Feigen den Stiel- und Blütenansatz großzügig abschneiden, die Feigen halbieren und quer in dünne Scheibchen schneiden. Die Zwiebeln schälen und in dünne Ringe schneiden.

3

Den Teig mit Kürbiswürfeln, Feigen und Zwiebeln belegen. Alles mit etwas frisch gemahlenem Pfeffer würzen. Die Schinkenwürfel darüberstreuen. Den Flammkuchen im Backofen (Mitte) in 20 Minuten goldbraun backen.

Für 4 Personen

Zutaten:

1 Packung Flammkuchenteig (260 g, Kühlregal)
100 g saure Sahne (10 % Fett)
100 g Hokkaidokürbis
2 Feigen
2 rote Zwiebeln
frisch gemahlener Pfeffer
100 g Schinkenwürfel (2 % Fett)

SUPPEN

5,5 Fettpunkte

ERBSEN-ZWIEBEL-SUPPE

Für 4 Personen

Zutaten:

200 g braune Champignons
3 Schalotten
20 g Kokosöl
350 g TK Erbsen
1 EL Zucker
1,5 l Gemüsebrühe
200 ml Milch (0,3 % Fett))
Salz und Pfeffer
2 EL gehackte Petersilie

1

Die Champignons putzen, trocken abreiben und in Stücke schneiden. Die Schalotten schälen und fein würfeln. 10 g Kokosöl in einem Topf zerlassen, die Schalotten darin glasig andünsten. Von den Erbsen 4 EL zum Dekorieren abnehmen. Die restlichen unaufgetauten Erbsen zu den Schalotten geben, mit Zucker bestreuen und unter Rühren 3 bis 4 Minuten mitdünsten.

2

Gemüsebrühe und Milch dazugießen, alles aufkochen und zugedeckt bei kleiner Hitze 10 Minuten köcheln lassen. Den Topf vom Herd nehmen. Die Erbsen mit einem Stabmixer fein pürieren. Die Suppe mit Salz und Pfeffer abschmecken und warm halten.

3

Das restliche Kokosöl in einer beschichteten Pfanne zerlassen, die Pilze darin 2 bis 3 Minuten anbraten. Die Suppe in vier tiefe Teller geben, mit den restlichen Erbsen, den Pilzen und der Petersilie dekorieren und sofort servieren.

4 Fettpunkte

APFEL-LAUCH-SUPPE

Für 4 Personen

Zutaten:

2 Äpfel
½ Stange Lauch
1 Zwiebel
1 EL Öl
600 ml Gemüsebrühe
100 ml Milch (0,3 % Fett)
Salz und Pfeffer
Cayennepfeffer
1 Msp. frisch geriebener Ingwer (Tipp S. 109)
½ TL Zitronensaft
50 g saure Sahne

1

Die Äpfel schälen, vierteln, entkernen und grob würfeln. Den Lauch putzen, waschen und in feine Würfel schneiden. Die Zwiebel schälen und ebenfalls fein würfeln.

2

Das Öl in einem Topf erhitzen, Zwiebel und Lauch darin glasig andünsten. Die Apfelwürfel dazugeben und kurz mitdünsten. Gemüsebrühe und Milch dazugießen und aufkochen. Mit Salz, Pfeffer, Cayennepfeffer, geriebenem Ingwer und Zitronensaft würzen. Die Suppe zugedeckt bei kleiner Hitze 20 Minuten köcheln lassen.

3

Den Topf vom Herd nehmen. Die Suppe mit einem Stabmixer pürieren und die saure Sahne unterrühren.

2,7 Fettpunkte

MÖHRENSUPPE MIT MANGO

Für 4 Personen

Zutaten:
450 g Möhren
1 Zwiebel
300 g Fruchtfleisch von 1 Mango
10 g Butter
750 ml Gemüsebrühe
100 ml Orangensaft
Salz und Pfeffer
Chiliflocken
etwas Zitronensaft
frisch geriebene Muskatnuss
20 g saure Sahne (10 % Fett)

1

Die Möhren putzen, schälen und in kleine Würfel schneiden. Die Zwiebel schälen und fein würfeln. Das Fruchtfleisch der Mango klein schneiden. Die Butter in einem Topf erhitzen, die Zwiebel darin glasig andünsten. Die Möhrenwürfel dazugeben und unter Rühren 1 bis 2 Minuten mitdünsten.

2

Gemüsebrühe und Orangensaft dazugießen und aufkochen. Das Mangofruchtfleisch dazugeben und alles zugedeckt bei kleiner Hitze 10 Minuten köcheln lassen. Die Suppe mit Salz, Pfeffer und Chiliflocken würzen.

3

Den Topf vom Herd nehmen. Die Suppe mit einem Stabmixer fein pürieren, mit etwas Zitronensaft und Muskat abschmecken. Die saure Sahne unter die Suppe rühren.

Für Schärfe sorgen Chiliflocken, diese möglichst sparsam dosieren, damit die Suppe nicht zu scharf wird. Statt Chiliflocken kann man auch Cayennepfeffer nehmen oder 1 getrocknete Chilischote mitkochen. Diese vor dem Pürieren entfernen.

(1)(2)(3)(4)(5)(6) **6 Fettpunkte**

SÜSSKARTOFFEL-BANANEN-SUPPE

Für 4 Personen

Zutaten:
500 g Süßkartoffeln
500 g Möhren
1 Bund Frühlingszwiebeln
1 EL Öl
2 l Gemüsebrühe
4 reife Bananen
1 EL frisch geriebener Ingwer (Tipp S. 109)
1 EL gemahlener Anis
1–2 EL Currypulver
200 ml Kokosmilch (6 % Fett)
Salz und Pfeffer
½ TL Chiliflocken

1
Die Süßkartoffeln schälen und in Stücke schneiden. Die Möhren putzen, schälen und grob raspeln. Die Frühlingszwiebeln putzen, waschen und in Ringe schneiden.

2
Das Öl in einem Topf erhitzen, die Frühlingszwiebeln darin glasig andünsten. Die Möhren und Süßkartoffeln dazugeben und kurz mitdünsten. Die Gemüsebrühe dazugießen und aufkochen. Alles zugedeckt bei kleiner Hitze 8 bis 10 Minuten köcheln lassen, bis die Süßkartoffeln und die Möhren gar sind.

3
Die Bananen schälen und mit einer Gabel zerdrücken. Mit Ingwer, Anis und Currypulver unter die Suppe rühren und alles aufkochen. Den Topf vom Herd nehmen, das Gemüse mit einem Stabmixer pürieren, dabei nach und nach die Kokosmilch hinzufügen und untermixen. Die Suppe mit Salz, Pfeffer und Chiliflocken abschmecken.

①②③④⑤⑥⑦ **7,3 Fettpunkte**

KÄSE-LAUCH-SUPPE

1

Die Zwiebel schälen und fein würfeln. Den Lauch putzen, waschen und in feine Ringe schneiden. Das Öl in einem Topf erhitzen, die Zwiebel darin glasig andünsten. Das Tatar dazugeben und 2 bis 3 Minuten anbraten.

2

Den Lauch dazugeben und zugedeckt 10 Minuten mitbraten. Die Mischung mit Salz und Pfeffer würzen. Die Fleischbrühe dazugießen und aufkochen. Alles zugedeckt bei kleiner Hitze 20 bis 30 Minuten köcheln lassen.

3

Die Champignons putzen, trocken abreiben und klein schneiden. Den Schmelzkäse zur Suppe geben und unterrühren. Die Champignons hinzufügen und die Suppe 5 Minuten köcheln lassen. Die Cremefine untermischen und alles noch einmal erhitzen. Die Suppe anrichten, mit Petersilie bestreuen und servieren.

6 Personen

Zutaten:
1 Zwiebel
350 g Lauch
1 TL Öl
300 g Tatar
Salz und Pfeffer
1,5 l Fleischbrühe
600 g frische Champignons
200 g Schmelzkäse (9 % Fett)
150 ml Cremefine (7 % Fett)
2 EL gehackte Petersilie

1,3 Fettpunkte

ROTE KARTOFFELSUPPE

Für 1 Person

Zutaten:

200 g Kartoffeln
1 TL gekörnte Brühe
50 g Tomatenmark
100 g passierte Tomaten
2 Prisen Kräuter der Provence
1 Zwiebel
Salz

1

Die Kartoffeln schälen und klein schneiden. Die Kartoffeln mit 500 ml Wasser und der gekörnten Brühe 20 Minuten garen. Danach etwas Kochflüssigkeit abnehmen und beiseitestellen. Die Kartoffeln mit dem übrigen Kochwasser pürieren, bis sie leicht sämig sind.

2

Das Tomatenmark mit den passierten Tomaten und den Kräutern der Provence in einem Topf verrühren. Die Zwiebel schälen, fein würfeln und unter die passierten Tomaten rühren. Das beiseitegestellte Kartoffelkochwasser und die pürierten Kartoffeln hinzufügen, alles aufkochen und die Suppe mit Salz würzen.

Wer mag, kann ein fettarmes Würstchen erwärmen und dazu essen. Das Würstchen aber extra berechnen. Je nach Hersteller hat es zwischen 2 und 4 Fettpunkte. Die Nährwerttabelle auf der Verpackung gibt Auskunft darüber.
TIPP

3,1 Fettpunkte

TOMATENSUPPE

1

Die Tomaten waschen, vierteln, von den Stielansätzen befreien und klein schneiden. Schalotten und Knoblauch schälen und in feine Würfel schneiden.

2

Das Öl in einem Topf erhitzen, Schalotten und Knoblauch darin glasig andünsten. Die Tomaten dazugeben und kurz mitdünsten. Die Gemüsebrühe dazugießen und aufkochen. Alles mit Zucker, Salz, Pfeffer und Chiliflocken würzen. Das Lorbeerblatt hinzufügen und die Suppe zugedeckt bei kleiner Hitze 15 Minuten köcheln lassen.

3

Den Topf vom Herd nehmen und das Lorbeerblatt entfernen. Die Suppe mit einem Stabmixer pürieren und die Kondensmilch unterrühren.

Für 4 Personen

Zutaten:

1,5 kg Fleischtomaten
2 Schalotten
1 Knoblauchzehe
1 EL Olivenöl
500 ml Gemüsebrühe
1 Prise Zucker
Salz und Pfeffer
½ TL Chiliflocken
1 Lorbeerblatt
50 ml Kondensmilch (4 % Fett)

(1)(2)(3)(4) **4,2 Fettpunkte**

FENCHELSUPPE MIT WILDLACHS

Für 4 Personen

Zutaten:

400 g Fenchelknolle
200 g Möhren
250 g Kartoffeln
1 EL Olivenöl
750 ml Gemüsebrühe
2–3 Lorbeerblätter
1 TL Currypulver
250 g Wildlachsfilet
1 EL Zitronensaft
Salz und Pfeffer
2 EL gehackte Petersilie (tiefgekühlt)

1

Den Fenchel putzen, waschen, halbieren und den harten Strunk entfernen. Den Fenchel in kleine Stücke schneiden. Die Möhren putzen und schälen. Die Kartoffeln schälen und beides in kleine Würfel schneiden.

2

Das Öl in einem Topf erhitzen, Fenchel, Möhren und Kartoffeln darin unter Rühren 1 bis 2 Minuten andünsten. Die Gemüsebrühe dazugießen und aufkochen. Lorbeerblätter und etwas Currypulver dazugeben und alles zugedeckt bei kleiner Hitze 15 bis 20 Minuten köcheln lassen.

3

Den Lachs waschen, trocken tupfen und in kleine Würfel schneiden. Die Lachswürfel mit Zitronensaft beträufeln, salzen und pfeffern.

4

Den Topf vom Herd nehmen und die Lorbeerblätter entfernen. Die Suppe pürieren und noch einmal aufkochen. Die Lachswürfel dazugeben und bei kleiner Hitze 5 Minuten ziehen lassen. Die Suppe mit Salz, Pfeffer und dem restlichen Currypulver abschmecken. Die Petersilie unter die Suppe mischen.

①②③④ **3,8 Fettpunkte**

WIRSING-TOMATEN-SUPPE

1
Zwiebel und Knoblauch schälen und beides fein würfeln. Den Wirsing putzen, vierteln und den harten Strunk entfernen. Anschließend in schmale Streifen schneiden, waschen und abtropfen lassen. Die Kartoffeln schälen und klein schneiden.

2
Das Öl in einem Topf erhitzen, Zwiebel und Knoblauch darin glasig dünsten. Das Tomatenmark unterrühren und kurz mitdünsten. Kartoffeln und Wirsingstreifen zur Mischung geben und 1 Minute mit anbraten.

3
Die Gemüsebrühe und die stückigen Tomaten dazugeben und aufkochen. Alles zugedeckt bei kleiner Hitze 15 Minuten köcheln lassen. Die Suppe mit Salz und Pfeffer abschmecken und die Kondensmilch unterrühren.

Für 4 Personen

Zutaten:
1 Zwiebel
2 Knoblauchzehen
500 g Wirsing
600 g Kartoffeln
1 EL Öl
2 EL Tomatenmark
2 l Gemüsebrühe
425 g stückige Tomaten
(aus der Dose)
Salz und Pfeffer
30 ml Kondensmilch (10 % Fett)

4,3 Fettpunkte

ZUCCHINICREMESUPPE

Für 4 Personen

Zutaten:

1 kg kleine Zucchini
1 Schalotte
2 Knoblauchzehen
1 EL Olivenöl
750 ml Gemüsebrühe
Salz und Pfeffer
frisch geriebene Muskatnuss
gemahlener Kümmel
4 TL saure Sahne (10 % Fett)
20 g Sonnenblumenkerne
1 EL gehackte Petersilie

1

Die Zucchini waschen, putzen und in Scheiben schneiden. Schalotte und Knoblauch schälen und fein würfeln. Das Öl in einem Topf erhitzen, Schalotte und Knoblauch darin glasig andünsten. Die Zucchinischeiben dazugeben und unter Rühren kurz mitdünsten.

2

Die Gemüsebrühe dazugießen und aufkochen. Mit Salz, Pfeffer, Muskat und Kümmel würzen. Die Zucchini zugedeckt bei kleiner Hitze 20 Minuten köcheln lassen.

3

Den Topf vom Herd nehmen. Die Zucchini mit einem Stabmixer pürieren. Die Suppe erhitzen, mit Salz und Pfeffer abschmecken. Die Suppe in tiefen Tellern mit je 1 TL saurer Sahne anrichten. Mit Petersilie und Sonnenblumenkernen garniert servieren.

Für mehr Geschmack die Sonnenblumenkerne während die Suppe köchelt in einer beschichteten Pfanne ohne Fett goldbraun rösten. Auch geröstete Kürbiskerne schmecken als Topping sehr gut dazu.

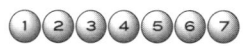

1 2 3 4 5 6 7 **7,3 Fettpunkte**

ÜBERBACKENE ZWIEBELSUPPE

1

Die Gemüsezwiebeln schälen und in feine Ringe schneiden. Den Knoblauch schälen und fein hacken. Das Öl in einem Topf erhitzen, Zwiebelringe und Knoblauch darin glasig andünsten. Die Kräuter der Provence dazugeben. Die Gemüsebrühe dazugießen und aufkochen. Alles zugedeckt bei kleiner Hitze 15 Minuten köcheln lassen.

2

Den Backofen auf 200 °C (Ober- und Unterhitze) vorheizen. Die Suppe mit Salz, Tabasco und nach Belieben mit Wein kräftig abschmecken und in feuerfeste Suppentassen füllen. Die Suppe jeweils mit 1 Scheibe Baguette belegen, mit Käse bestreuen und im Backofen (Mitte) 10 bis 15 Minuten überbacken, bis der Käse geschmolzen ist.

Für 4 Personen

Zutaten:

750 g Gemüsezwiebeln
1 Knoblauchzehe
1 EL Olivenöl
1 EL Kräuter der Provence
1 l Gemüsebrühe
Salz
1 Spritzer Tabasco
1 Spritzer Weißwein
(nach Belieben)
4 Scheiben Vollkornbaguette
(à 30 g)
100 g Reibekäse (16 % Fett)

KARTOFFELN & NUDELN

5 Fettpunkte

KARTOFFEL-STAUDENSELLERIE-SALAT

Für 4 Personen

Zutaten:

1 kg festkochende Kartoffeln
350 g Zwiebeln
2 kleine Knoblauchzehen
400 g Staudensellerie
200 g säuerliche Äpfel (z. B. Boskop)
100 g getrocknete Tomaten
2 EL Olivenöl
125 ml Apfelsaft
1 Bund Basilikum
2 EL Balsamico-Essig
Salz und Pfeffer

1

Die Kartoffeln waschen und mit Schale in kochendem Wasser etwa 25 Minuten garen.

2

Zwiebeln und Knoblauch schälen. Die Zwiebeln fein hacken und den Knoblauch durch eine Presse drücken. Den Staudensellerie waschen und putzen, dabei von eventuellen Fasern befreien. Die Selleriestangen in schmale Stücke schneiden. Die Äpfel waschen, vierteln, entkernen und in kleine Würfel schneiden. Die getrockneten Tomaten in Streifen schneiden.

3

1 EL Öl erhitzen, Zwiebeln und Knoblauch darin glasig dünsten. Den Apfelsaft dazugießen und aufkochen. Den Sellerie dazugeben und zugedeckt bei kleiner Hitze in 10 Minuten bissfest garen.

4

Die Kartoffeln abgießen, etwas abkühlen lassen, pellen und in 1 cm große Stücke schneiden. Das Basilikum waschen, trocken schütteln und in Streifen schneiden. Die Kartoffeln mit allen vorbereiteten Zutaten mischen.

5

Das Öl aus der Pfanne und 1 EL Öl mit dem Essig verrühren und unter den Kartoffelsalat mischen. Den Salat salzen, pfeffern und bis zum Servieren ziehen lassen.

5,4 Fettpunkte

KARTOFFELSALAT MIT FISCHFRIKADELLEN

Für 4 Personen

Zutaten:

600 g festkochende Kartoffeln
250 g geräuchertes Forellenfilet
200 g geräucherter Wildlachs
100 g Lauch
1 kleine Zwiebel
4 EL Semmelbrösel
1 TL Zitronensaft
Salz und Pfeffer
Chiliflocken
1 EL gehackter Dill
100 ml Gemüsebrühe
1 EL Weißweinessig
1 Bio-Salatgurke
15 Cocktailtomaten

1

Die Kartoffeln waschen und mit Schale in kochendem Wasser 25 Minuten garen. Den Backofen auf 190 °C (Ober- und Unterhitze) vorheizen. Ein Backblech mit Backpapier auslegen.

2

Für die Frikadellen beide Fischsorten in Streifen schneiden und mit einer Gabel grob zerdrücken. Den Lauch putzen und waschen. Die Zwiebel schälen und beides sehr fein hacken. Den Fisch mit Semmelbröseln, Lauch und Zwiebel vermengen. Mit Zitronensaft, Salz, Pfeffer, Chiliflocken und 1 EL Dill würzen.

3

Aus der Masse mit feuchten Händen kleine flache Frikadellen formen, auf das Backblech legen und im Ofen (Mitte) 30 Minuten backen. Nach 15 Minuten die Frikadellen wenden.

4

Die Kartoffeln abgießen, etwas abkühlen lassen, pellen und in dünne Scheiben schneiden. Mit Gemüsebrühe und Essig vermischen, mit Salz und Pfeffer würzen.

5

Die Gurke waschen, abtrocknen und in dünne Scheiben hobeln. Die Tomaten waschen und halbieren. Gurke und Tomaten mit den Kartoffeln vermengen. Den Salat mit Salz und Pfeffer würzen und mit den Frikadellen servieren.

11,1 Fettpunkte

KARTOFFEL-HACKFLEISCHTOPF MIT CHINAKOHL

Für 4 Personen

Zutaten:

750 g Chinakohl
2 Zwiebeln
370 g Kartoffeln
10 g Öl
200 g Rinderhackfleisch
200 g Tatar
Salz und Pfeffer
2 EL Tomatenmark
500 ml Gemüsebrühe
1 kleine Dose passierte Tomaten (400 g)
2 EL Schnittlauchröllchen

1

Den Chinakohl putzen, vierteln und den harten Strunk entfernen. Die Kohlviertel in schmale Streifen schneiden, waschen und abtropfen lassen. Die Zwiebeln schälen und fein hacken. Die Kartoffeln schälen, waschen und in kleine Würfel schneiden.

2

Das Öl in einem Topf erhitzen, die Zwiebeln darin glasig andünsten. Das Hackfleisch und Tatar dazugeben und unter Rühren bei großer Hitze krümelig braten. Das Hackfleisch mit Salz und Pfeffer würzen. Kartoffeln und Tomatenmark dazugeben und kurz mitbraten. Die Gemüsebrühe dazugießen, alles aufkochen und zugedeckt bei kleiner Hitze 10 bis 15 Minuten köcheln lassen.

3

Den Chinakohl und die passierten Tomaten hinzufügen und weitere 20 Minuten köcheln lassen. Alles salzen und pfeffern. Mit Schnittlauchröllchen bestreuen und servieren.

Wer möchte, kann das Rinderhackfleisch durch 200 g Tatar ersetzen. Rinderhack enthält 14 g Fett, Tatar nur 3 g Fett pro 100 g.

①②③④⑤⑥⑦ **7,5 Fettpunkte**

KARTOFFELN MIT EI UND LAUCH-KÄSE-SAUCE

Für 4 Personen

Zutaten:
600 g Kartoffeln
Salz
4 Eier (Größe M)
400 g Lauch
2 EL Kapern
150 ml Milch (1,5 % Fett)
30 g Kräuterschmelzkäse (9 % Fett)
1 TL gekörnte Gemüsebrühe

1
Die Kartoffeln schälen, vierteln, waschen und in einem Topf mit Salzwasser bedeckt 20 Minuten garen. Die Eier in kochendem Wasser in 10 Minuten hart kochen.

2
750 ml Wasser in einem Topf aufkochen. Den Lauch putzen, waschen und in dicke Scheiben schneiden. Das Wasser salzen und den Lauch darin 15 Minuten köcheln lassen. Die Eier herausnehmen und pellen. Die Kapern hacken.

3
Den Lauch abgießen und abtropfen lassen, dabei 150 ml Kochwasser auffangen. Kochwasser und Milch in einem Topf mischen und aufkochen. Den Schmelzkäse dazugeben und unter Rühren schmelzen lassen. Die Kapern unterrühren.

4
Die Sauce mit Salz und gekörnter Gemüsebrühe abschmecken. Den Lauch dazugeben und alles aufkochen. Die Kartoffeln abgießen, mit den Eiern und der Sauce anrichten.

Wer Kapern nicht mag, kann sie auch einfach weglassen.
TIPP

①②③④⑤⑥⑦⑧ **8 Fettpunkte**

KARTOFFELAUFLAUF MIT SCHWEINEFILET

Für 4 Personen

Zutaten:

750 g Kartoffeln
350 g Schweinefilet
1 EL Öl
Salz und Pfeffer
1 Zwiebel
120 g Schinkenwürfel (2 % Fett)
2 TL Tomatenmark
1–2 TL italienische TK-Kräuter
500 g stückige Tomaten (aus der Dose)
150 ml Gemüsebrühe
40 ml Kondensmilch (4,0 % Fett)
Paprikapulver (rosenscharf)
70 g Reibekäse (16 % Fett)

1

Die Kartoffeln waschen und mit Schale in kochendem Wasser 25 Minuten garen. Dann abgießen, etwas abkühlen lassen, pellen und in Scheiben schneiden.

2

Das Filet waschen, trocken tupfen und in Scheiben schneiden. Das Öl in einer beschichteten Pfanne erhitzen, die Filetscheiben darin von beiden Seiten kurz anbraten. Herausnehmen und mit Salz und Pfeffer würzen. Den Backofen auf 200 °C (Ober- und Unterhitze) vorheizen.

3

Die Zwiebel schälen und fein hacken. 1 EL Schinkenwürfeln beiseitelegen. Den Rest mit der Zwiebel in derselben Pfanne glasig andünsten. Tomatenmark und Kräuter dazugeben und kurz mitdünsten. Stückige Tomaten, Brühe und Kondensmilch dazugießen und aufkochen. Die Sauce mit Salz, Pfeffer und Paprikapulver würzen und einige Minuten köcheln lassen.

4

Ein Drittel der Kartoffelscheiben in eine Auflaufform schichten, den Rest an den Rand der Form legen. Das Fleisch auf die Kartoffelschicht legen und mit der Sauce übergießen. Übrige Schinkenwürfel und Käse darauf verteilen. Den Auflauf im Backofen (Mitte) 25 bis 30 Minuten überbacken.

1 2 3 4 5 6 7 8 9 10 **10 Fettpunkte**

KARTOFFELN VOM BLECH

Für 2 Personen

Zutaten:

400 g Kartoffeln
2 rote Paprika
1 EL Öl
Salz
Paprikapulver (rosenscharf)
100 g getrocknete Tomaten
100 g Fetakäse (9 % Fett)
50 g Schinkenwürfel (2 % Fett)

1

Den Backofen auf 200 °C (Ober- und Unterhitze) vorheizen. Ein Backblech mit Packpapier auslegen. Die Kartoffeln waschen und mit der Schale der Länge nach in Spalten schneiden. Die Paprikaschoten halbieren, putzen, waschen und in kleine Stücke schneiden.

2

Die Paprikastücke mit den Kartoffelspalten, Öl, Salz und Paprikapulver in einen großen Gefrierbeutel geben. Den Beutel verschließen und alles gut vermischen. Die Kartoffelmischung auf dem Blech verteilen und im Backofen (Mitte) 15 bis 20 Minuten garen.

3

Die getrockneten Tomaten klein schneiden. Den Fetakäse in kleine Würfel schneiden. Nach 20 Minuten Tomatenstücke, Fetakäse und Schinkenwürfel auf den Kartoffeln verteilen und weitere 10 Minuten backen, bis der Käse leicht gebräunt ist.

4,3 Fettpunkte

KARTOFFELQUICHE MIT LAUCH UND SCHINKEN

Für 12 Stücke

Zutaten:

200 g mehligkochende Kartoffeln
3 Eier (Größe M)
1 EL Speisestärke
Salz und Pfeffer
frisch geriebene Muskatnuss
750 g Lauch
250 g gekochter Schinken (3 % Fett)
1 EL Öl
60 ml Kondensmilch (4 % Fett)
100 ml Milch (1,5 % Fett)
75 g Reibekäse (16 % Fett)

1

Backofen auf 200 °C (Ober- und Unterhitze) vorheizen. Kartoffeln waschen und mit Schale 25 Minuten garen. Danach abgießen, abkühlen lassen, pellen und grob reiben. Mit 1 Ei und Stärke zu einem Teig verarbeiten. Den Teig mit Salz, Pfeffer und Muskat würzen. Eventuell etwas Wasser unterkneten.

2

Eine Springform (Ø 26 cm) mit Wasser ausspülen, nicht trocken wischen. Den Teig auf den Boden der Form geben, dabei einen kleinen Rand hochziehen. Im Backofen (unten) 30 bis 35 Minuten backen.

3

Lauch putzen, waschen und in dünne Scheiben schneiden. Schinken in Streifen schneiden. Öl in einer beschichteten Pfanne erhitzen, den Lauch darin 2 bis 3 Minuten anbraten. Schinken dazugeben und kurz mit anbraten. Salzen und pfeffern. Die Pfanne vom Herd nehmen.

4

Kondensmilch mit Milch und 2 Eiern verquirlen. Den Käse untermischen und salzen. Die Form herausnehmen, die Lauch-Schinken-Mischung auf dem Boden verteilen und die Eiermilch darübergießen. Die Quiche im Ofen (unten) 30 bis 35 Minuten backen. Herausnehmen und 10 Minuten ruhen lassen.

8 Fettpunkte

NUDEL-PAPRIKA-SALAT MIT BASILIKUM

Für 4 Personen

Zutaten:

500 g Penne
Salz
2 rote Paprika
1 Bund Basilikum
100 g getrocknete Tomaten
20 g Pinienkerne
2 TL Olivenöl
1 TL Balsamico-Essig
Pfeffer

1

Penne in kochendem Salzwasser in 10 Minuten bissfest garen. Danach die Nudeln in ein Sieb abgießen, kalt abschrecken und abkühlen lassen.

2

Die Paprikaschoten, halbieren, putzen und in kleine Würfel schneiden. Das Basilikum waschen, trocken schütteln und in feine Streifen schneiden. Die getrockneten Tomaten fein würfeln. Die Pinienkerne in einer beschichteten Pfanne ohne Fett kurz rösten. 1 TL Olivenöl dazugeben, die Paprikawürfel hinzufügen und kurz andünsten.

3

Basilikum, getrocknete Tomaten, 1 TL Olivenöl, Essig und die Paprikamischung zu den Nudeln geben und alles vermengen. Den Nudelsalat mit Salz und Pfeffer würzen und 2 Stunden oder mehr durchziehen lassen.

4 Fettpunkte

GEMÜSE-KRÄUTER-NUDELN

1

Die Bandnudeln in kochendem Salzwasser nach Packungsangabe garen. Danach die Nudeln in ein Sieb abgießen, kalt abschrecken und abkühlen lassen.

2

Die gefrorene Gemüsemischung in einen Topf geben, erhitzen und unter Rühren bei mittlerer Hitze etwa 8 Minuten dünsten.

2

Die Kräuterbutter dazugeben. Die passierten Tomaten hinzufügen und unter Rühren erhitzen. Das Gemüse mit Oregano, Basilikum, Salz und Pfeffer kräftig würzen. Die Bandnudeln untermischen und servieren.

Für 4 Personen

Zutaten:

250 g Bandnudeln
Salz
480 g TK-Gemüsemischung
(z. B. italienisches TK-Gemüse)
20 g Kräuterbutter
500 g passierte Tomaten
(aus der Packung)
1 TL getrockneter Oregano
1 TL getrocknetes Basilikum
Salz und Pfeffer

Verwenden Sie Ihre Lieblings-Gemüsemischung, die immer im Vorrat sein sollte. Auch bei den Kräutern ist je nach Vorlieben Experimentieren erlaubt.
TIPP

①②③④⑤⑥⑦⑧⑨ **8,7 Fettpunkte**

LASAGNE

Für 4 Personen

Zutaten:

1 Zwiebel
1 Knoblauchzehe
400 g Tatar
800 g stückige Tomaten (aus der Dose)
1 TL gekörnte Brühe
Salz und Pfeffer
½ TL getrockneter Oregano
1 l Milch (0,3 % Fett)
40 g Speisestärke
12 Lasagneplatten (ohne Vorkochen)
100 g Reibekäse (14 % Fett)

1

Zwiebel und Knoblauch schälen und fein hacken. Das Tatar mit Zwiebel und Knoblauch in einen Topf geben und unter Rühren bei mittlerer Hitze krümelig anbraten. Die stückigen Tomaten hinzufügen und aufkochen. Mit gekörnter Brühe, Salz, Pfeffer und Oregano nach Geschmack würzen. Dann alles zugedeckt bei kleiner Hitze 15 Minuten köcheln lassen.

2

Den Backofen auf 180 °C (Ober- und Unterhitze) vorheizen. Für die Béchamelsauce 900 ml Milch in einem Topf erhitzen. Die Speisestärke mit der restlichen kalten Milch verquirlen. Die Stärke zur Milch geben und alles unter Rühren bei kleiner Hitze köcheln lassen, bis die Sauce sämig ist.

3

Etwa 5 EL Béchamelsauce in einer Auflaufform verteilen und 3 Lasagneplatten darauflegen. Dann abwechselnd etwas Tatarsauce und etwas Béchamelsauce daraufgeben. Das Schichten noch dreimal wiederholen. Die oberste Nudelschicht gut mit Sauce bedecken und mit Käse bestreuen. Die Lasagne im Backofen (Mitte) 30 Minuten überbacken.

9,2 Fettpunkte

SPÄTZLEPFANNE MIT HÄHNCHENBRUSTFILET

Für 4 Personen

Zutaten:
400 g Spätzle
Salz
2 rote Paprika
300 g Lauch
150 g frische Champignons
½ Bund Petersilie
500 g Hähnchenbrustfilet
1 EL Öl
Salz und Pfeffer
100 ml Milch (3,5 % Fett)
250 ml Gemüsebrühe
½ TL getrockneter Majoran
50 g Reibekäse (16 % Fett)

1

Die Spätzle in kochendem Salzwasser 10 Minuten garen. Dann abgießen und abtropfen lassen. Die Paprikaschoten halbieren, putzen, waschen und in Streifen schneiden. Den Lauch putzen, waschen und in feine Ringe schneiden. Die Champignons putzen, abreiben und in Scheiben schneiden. Die Petersilie waschen, trocken schütteln und fein hacken.

2

Das Fleisch waschen, trocken tupfen und würfeln. Das Öl in einer beschichteten Pfanne erhitzen, das Fleisch darin rundum kräftig anbraten. Die Fleischwürfel herausnehmen, salzen und pfeffern.

3

Das Gemüse ins Bratfett geben und 4 Minuten dünsten. Milch und Brühe dazugießen und aufkochen. Das Gemüse bei kleiner Hitze 15 Minuten garen. Den Backofen auf 250 °C (Oberhitze) oder den Backofengrill vorheizen.

4

Spätzle, Fleisch, Petersilie und Majoran in die Sauce geben. Alles vermischen und aufkochen. Mit Salz und Pfeffer würzen. Die Mischung in eine Auflaufform füllen, mit Käse bestreuen und im Ofen (Mitte) oder unter dem Backofengrill 5 bis 10 Minuten überbacken.

BULGUR, REIS & COUSCOUS

5,3 Fettpunkte

BULGUR-TOMATEN-SALAT MIT FETA

1
Bulgur und Gemüsebrühe in einen Topf geben, aufkochen und bei kleiner Hitze 15 Minuten köcheln lassen. Eventuell den Bulgur abgießen und in einer Schüssel abkühlen lassen.

2
Die Zwiebeln schälen und in feine Ringe schneiden. Den Fetakäse mit Küchenpapier abtupfen und in kleine Würfel schneiden. Die Salatgurke waschen, der Länge nach halbieren und schräg in 1 cm große Stücke schneiden. Die Tomaten waschen und vierteln.

3
Zwiebeln, Fetakäse, Gurke und Tomaten zum Bulgur geben und untermischen. Für das Dressing den Essig mit Salz, Pfeffer, Oregano und Öl verrühren. Das Dressing unter den Bulgurmix geben. Den Salat bis zum Servieren ziehen lassen.

Für 4 Personen

Zutaten:
150 g Bulgur
250 ml Gemüsebrühe
2 Zwiebeln
150 g Fetakäse (9 % Fett)
½ Bio-Salatgurke
2 Tomaten
3 EL weißer Balsamico-Essig
Salz und Pfeffer
2 TL gehackter Oregano
1 TL Olivenöl

Dieser Salat schmeckt auch mit Quinoa oder Couscous anstelle von Bulgur.
TIPP

1 2 3 4 5 6 7 8 9 **9,2 Fettpunkte**

BULGUR MIT HÄHNCHEN UND VINAIGRETTE

Für 2 Personen

Zutaten:

100 g Bulgur
¼ TL gemahlener Kreuzkümmel
½ TL Salz
1 Bund Petersilie
½ Bund Minze
2 Tomaten
½ Salatgurke
1 Schalotte
1 Bio-Limette
3 TL Öl
½ TL Zucker
¼ TL Salz
250 g Hähnchenbrustfilet

1

200 ml Wasser aufkochen, den Bulgur, die Hälfte von dem Kreuzkümmel und ½ TL Salz dazugeben. Alles aufkochen und den Bulgur zugedeckt bei kleiner Hitze 5 Minuten ziehen lassen. Danach mit einer Gabel auflockern und abkühlen lassen.

2

Petersilie und Minze waschen, trocken schütteln und fein hacken. Die Tomaten waschen, halbieren und klein würfeln. Die Gurke waschen und in 1 cm große Würfel schneiden. Die Schalotte schälen und hacken.

3

Die Limette heiß waschen und abtrocknen, 1 TL Schale abreiben und 2 EL Saft auspressen. Beides mit 2 TL Öl, 1 EL Wasser, Zucker, ¼ TL Salz und dem übrigen Kreuzkümmel zu einer Vinaigrette verrühren.

4

Das Fleisch in etwa 2 cm große Stücke schneiden. Das übrige Öl in einer beschichteten Pfanne erhitzen, das Fleisch darin 2 Minuten scharf anbraten. Mit Salz und Pfeffer würzen. Bulgur, Petersilie, Minze, Tomaten, Gurke und Schalotte getrennt auf zwei Tellern anrichten. Das Fleisch in die Mitte geben. Die Vinaigrette darüberträufeln oder im Schälchen servieren.

①②③④ **4,4 Fettpunkte**

FRUCHTIGER GEMÜSEREIS MIT SPROSSEN

Für 4 Personen

Zutaten:

600 ml Gemüsebrühe
180 g Naturreis
1 EL Currypulver
140 g Mais (aus der Dose)
80 g Bambussprossen (aus der Dose)
80 g Sojabohnensprossen (aus dem Glas)
60 g Ananasstücke
60 g Pfirsiche (aus der Dose)
2 Zwiebeln
1 rote Paprika
1 EL Öl
90 g TK-Erbsen
400 g stückige Tomaten (aus der Dose)
Salz und Pfeffer
Paprikapulver (edelsüß)

1

Die Gemüsebrühe in einem Topf aufkochen, Naturreis und Currypulver dazugeben und bei kleiner Hitze nach Packungsangabe garen, bis die Brühe aufgesogen ist.

2

Mais, Bambussprossen, Sojabohnensprossen, Ananas und Pfirsiche abtropfen lassen. Die Pfirsiche in Würfel schneiden. Die Zwiebeln schälen und fein hacken. Die Paprikaschote halbieren, putzen, waschen und würfeln.

3

Das Öl in einer beschichteten Pfanne erhitzen, die Zwiebeln darin glasig andünsten. Die Paprikawürfel und gefrorenen Erbsen dazugeben und zugedeckt bei kleiner Hitze einige Minuten mitdünsten. Die abgetropften Zutaten und die stückigen Tomaten dazugeben, alles aufkochen und 5 Minuten köcheln lassen. Den Reis untermischen und erhitzen. Den Gemüsereis mit Salz, Pfeffer und Paprikapulver würzen.

Den Mais durch 60 g Zuckerschoten ersetzen. Ananas und Pfirsiche je nach Jahreszeit frisch verwenden.

7,3 Fettpunkte

PAPRIKA MIT REIS-ROSINEN-FÜLLUNG

Für 2 Personen

Zutaten:

2 Möhren
1 Zwiebel
1 EL Olivenöl
175 g Naturreis
600 ml Gemüsebrühe
einige Safranfäden
Salz und Pfeffer
150 g TK-Erbsen
2 rote Paprika
2 orange Paprika
3 EL Rosinen

1

Die Möhren putzen, schälen und in dünne Streifen schneiden oder auf der Juliennereibe reiben. Die Zwiebel schälen und fein hacken.

2

Das Öl in einem Topf erhitzen, die Zwiebel darin glasig andünsten. Den Naturreis hinzufügen und unter Rühren kurz mitdünsten. 350 ml Gemüsebrühe dazugießen und aufkochen. Mit Safran, Salz und Pfeffer würzen. Den Reis zugedeckt in ca. 15 Minuten bissfest garen. Die Möhren und gefrorenen Erbsen in den letzten 2 Minuten hinzufügen und mitgaren.

3

Den Backofen auf 180 °C (Ober- und Unterhitze) vorheizen. Von den Paprikaschoten einen Deckel abschneiden, die Schoten putzen und waschen. Die Rosinen unter den Reis mischen. Die Paprikaschoten damit füllen und in eine Auflaufform setzen und die übrige Brühe dazugießen. Im Backofen (Mitte) 30 Minuten schmoren.

Statt Safran etwas gemahlene Kurkuma verwenden – färbt auch schön gelb.

7,5 Fettpunkte

GEMÜSETATAR IM REISRING

Für 4 Personen

Zutaten:

160 g Naturreis
Salz
4 Frühlingszwiebeln
8 kleine Möhren
4 Stangen Staudensellerie
2 Zwiebeln
1 EL Öl
500 g Tatar
Pfeffer
Currypulver
1 l Gemüsebrühe

1

Den Naturreis in kochendem Salzwasser nach Packungsangabe weich garen. Die Frühlingszwiebeln putzen, waschen und in Ringe schneiden. Die Möhren putzen, schälen und in Scheiben schneiden. Den Staudensellerie putzen, waschen und in schmale Stücke schneiden. Die Zwiebeln schälen und fein hacken.

2

Das Öl in einer beschichteten Pfanne erhitzen, die Zwiebeln darin glasig andünsten. Das Tatar dazugeben und unter Rühren bei großer Hitze in ca. 5 Minuten krümelig braten. Mit Salz und Pfeffer würzen.

3

Frühlingszwiebeln, Möhren und Staudensellerie dazugeben und kurz anbraten, mit Currypulver nach Geschmack würzen. Die Brühe angießen, aufkochen und alles zugedeckt 10 bis 15 Minuten köcheln lassen. Mit Salz und Pfeffer abschmecken.

4

Den Reis portionsweise in die Mitte der Teller geben und mit einem Löffel gleichmäßig nach außen schieben, sodass ein Ring entsteht. Das Gemüsetatar in die Mitte des Rings geben.

5,1 Fettpunkte

WIRSINGROULADEN MIT ROTEM REIS

Für 4 Personen

Zutaten:
800 g Wirsing
1 Bio-Orange
1 Stück Ingwer (1 cm)
250 g roter Reis
Salz
½ Bund Kerbel
½ Bund Petersilie
1 EL grober Senf
1 EL Olivenöl
4 Hähnchenbrustfilets (à 100 g)
frisch geriebene Muskatnuss
250 ml Gemüsebrühe

1
Wirsing putzen. 4 große Blätter entfernen, waschen und in kochendem Wasser 4 Minuten blanchieren. Herausnehmen, kalt abschrecken und trocken tupfen. Übrigen Wirsing vierteln, vom harten Strunk befreien und in Streifen schneiden. Orange waschen und halbieren. Den Saft von ½ Orange auspressen, die andere Hälfte in Scheiben schneiden. Ingwer schälen und fein hacken.

2
Reis in Salzwasser nach Packungsangabe garen. Kräuter waschen, trocken tupfen und die Blättchen klein zupfen. Mit Senf und Öl vermischen. Fleisch waschen, trocken tupfen und mit der Kräuter-Senf Mischung bestreichen. Die Filets in die Wirsingblätter wickeln und mit Holzspießchen fixieren.

3
Wirsingstreifen mit Orangensaft, Salz, Muskat und Ingwer in einem Topf mischen. Fleisch und Orangenscheiben darauflegen. Brühe dazugießen und aufkochen. Alles zugedeckt bei kleiner Hitze 20 bis 25 Minuten garen. Die Rouladen aufschneiden, mit Reis, Wirsing, Orangenscheiben und etwas Brühe anrichten.

4,7 Fettpunkte

WÜRZIGE COUSCOUSPFANNE

Für 4 Personen

Zutaten:

2 Schalotten
2 Knoblauchzehen
150 g Zuckerschoten
1 rote Chilischote
6 Cocktailtomaten
600 g Hähnchenbrustfilets
Salz und Pfeffer
1 EL Öl
½ TL gemahlener Kreuzkümmel
½ TL gemahlener Koriander
½ TL Paprikapulver
¼ TL Chiliflocken
450 ml Hühnerbrühe
220 g Couscous
2 EL Zitronensaft
2 EL gehackte Petersilie

1

Schalotten und Knoblauch schälen, beides fein hacken. Die Zuckerschoten waschen, von den Enden befreien und halbieren. Die Chilischote längs aufschneiden, putzen, waschen und fein würfeln. Die Tomaten waschen, halbieren und in sehr kleine Würfel schneiden.

2

Die Hähnchenbrustfilets waschen und trocken tupfen. Mit Salz und Pfeffer würzen. Das Öl in einer beschichteten Pfanne erhitzen, die Filets darin auf beiden Seiten ca. 5 Min. anbraten. Schalotten, Knoblauch, Zuckerschoten, Chili, Tomaten und die Gewürze zum Fleisch geben und 2 Minuten mitbraten. Die Hühnerbrühe dazugießen und aufkochen. Alles zugedeckt bei kleiner Hitze 15 Minuten köcheln lassen.

3

Das Fleisch herausnehmen. Den Couscous in die Pfanne geben, er sollte mit Brühe bedeckt sein. Wenn nicht, noch Brühe nachgießen. Das Fleisch darauflegen und den Couscous zugedeckt bei kleiner Hitze 5 bis 10 Minuten garen. Den Couscous mit Zitronensaft und Gewürzen abschmecken und mit Petersilie bestreuen.

BOWLS – SÜSS UND WÜRZIG

BOWLS

Die Idee zu Bowls stammt aus Amerika, inzwischen sind sie auch hierzulande beliebt. Das Geheimnis dahinter: Reis, Quinoa, Couscous, Gemüse, Garnelen, Hühnchen, Obst – alles wird in mundgerechten Stücken zubereitet, in einer Schüssel (Bowl) serviert und bequem gelöffelt. Jeder Mix mit gesunden Zutaten ist möglich.

1 2 3 **3,4 Fettpunkte**

BIRNEN-QUINOA-BOWL

Für 4 Personen

Zutaten:

4 Birnen
Zimtpulver
1 Prise Zucker
500 g Joghurt (0,1 % Fett)
etwas Birnendicksaft
100 g Quinoa Pops
20 g Chiasamen

1

Die Birnen waschen, halbieren, entkernen und die Hälften in kleine Stücke schneiden. Die Birnenstücke mit 1 Prise Zimtpulver und Zucker würzen.

2

Den Joghurt mit etwas Birnendicksaft verrühren. Die Quinoa Pops und Chiasamen unter den Joghurt mischen.

3

Die Hälfte davon in hohe Gläser füllen und die Birnenstücke daraufgeben. Die restliche Joghurtmischung auf die Birnenstücke geben und mit etwas Zimtpulver bestreuen.

4,4 Fettpunkte

DINKEGRIESS-BLAUBEER-BOWL MIT GOJIBEEREN

Für 4 Personen

Zutaten:

1 l Milch (1,5 % Fett)
4 EL Rohrzucker
120 g Dinkelgrieß
400 g Äpfel
4 TL Zimtpulver
120 g Blaubeeren
4 EL Gojibeeren

1

Die Milch und den Rohrzucker in einem Topf erhitzen. Den Grieß unter Rühren einrieseln und aufkochen lassen. Dann bei kleiner Hitze weiterrühren, bis eine cremige Masse entsteht. Den Grießbrei vom Herd nehmen und ziehen lassen.

2

Die Äpfel waschen, halbieren, entkernen und mit Schale in kleine Würfel schneiden. Die Apfelwürfel in vier Bowls geben und mit dem Zimtpulver vermischen.

3

Den Grießbrei darauf verteilen. Die Blaubeeren waschen und trocken tupfen. Den Grießbrei mit Blaubeeren und Gojibeeren dekorieren.

Die roten, leicht süßlichen Gojibeeren lassen sich in kleinen Mengen vielseitig verwenden – im Smoothie und Salat oder in Desserts.
TIPP

2,9 Fettpunkte

ERDBEER-QUARK-BOWL MIT MINZE

1

Die Erdbeeren waschen, putzen, abtropfen lassen und klein schneiden. Die Minze waschen, trocken schütteln und die Blättchen abzupfen. Einige Minzeblätter beiseitelegen. Die restliche Minze in Streifen schneiden.

2

Die Erdbeeren mit Minzestreifen, Vanillinzucker, Limettensaft und geschroteten Leinsamen vorsichtig vermengen. Den Quark mit etwas Mineralwasser glatt rühren. Die Löffelbiskuits grob zerbröseln und 1 EL zur Seite legen.

3

Erdbeeren, Biskuitbrösel und Quark abwechselnd in vier Glasschalen oder Gläser füllen und zugedeckt etwa 1 Stunde in den Kühlschrank stellen. Die Erdbeer-Quark-Bowl vor dem Servieren mit Minzeblättchen und Löffelbiskuitbröseln dekorieren.

Für 4 Personen

Zutaten:

500 g Erdbeeren
2 Stängel Minze
1 Päckchen Vanillinzucker
2 EL Limettensaft
10 g geschrotete Leinsamen
500 g Quark (0,3 % Fett)
etwas Mineralwasser
150 g Löffelbiskuit

① **0,8 Fettpunkte**

FRÜCHTE-BOWL MIT JOGHURT

Für 4 Personen

Zutaten:
600 g Früchte der Saison
(z. B. Äpfel, Birnen, Kiwis, Ananas)
300 g Joghurt (0,1 % Fett)
1 EL Zucker
etwas Zitronensaft
1 TL Zimtpulver
1 EL Chiasamen

1
Die Früchte je nach Sorte waschen, schälen und entkernen. Jede Obstsorte in kleine Stücke schneiden und jeweils in eine separate Schüssel geben.

2
Den Joghurt mit Zucker, Zitronensaft, Zimtpulver und Chiasamen verrühren. Eine Sorte Obst in vier Glasschalen anrichten und etwas Joghurt daraufgeben. Dann die nächste Obstsorte und wieder etwas Joghurt darauf verteilen. So fortfahren, bis Obst und Joghurt aufgebraucht sind. Alles vor dem Servieren kurz durchziehen lassen.

Das Obst kann man je nach Jahreszeit variieren und mischen. Wählen Sie einfach, was Ihnen besonders gut schmeckt.
TIPP

11,8 Fettpunkte

VEGGIE-BOWL MIT SESAM-SPROSSEN-TOPPING

Für 4 Personen

Zutaten:

200 g Kichererbsen (aus der Dose)
400 g frische Champignons
200 g Auberginen
200 g Zuckerschoten
400 g Zucchini
8 Stangen Staudensellerie
300 ml Gemüsebrühe
2 EL Rohrzucker
4 EL Sojasauce
4 EL Sesamöl
2 EL Honig
2 EL Limettensaft
20 g Sesamsamen
40 g Alfalfasprossen

1

Die Kichererbsen abtropfen lassen. Die Champignons putzen, trocken abreiben und vierteln. Das übrige Gemüse waschen und putzen. Auberginen in mundgerechte Stücke, Zucchini in 1 cm dicke Scheiben, Staudensellerie in ½ cm dicke Scheiben schneiden.

2

50 ml Gemüsebrühe in eine beschichtete Pfanne geben, das Gemüse darin zugedeckt 5 Minuten dünsten. Champignons und Kichererbsen hinzufügen und weitere 5 Minuten köcheln lassen. Wenn nötig, etwas Gemüsebrühe dazugießen.

3

Für das Dressing den Rohrzucker mit Sojasauce, Sesamöl, Honig und Limettensaft verrühren. Das Gemüse jeweils in vier Bowls geben und mit dem Dressing überträufeln. Die Alfalfasprossen waschen. Mit den Sesamsamen als Topping obendrauf geben.

Vegan wird die Bowl, wenn Sie anstelle von Honig die gleiche Menge Agavendicksaft verwenden.

11 Fettpunkte

SÜSSKARTOFFEL-FENCHEL-BOWL

Für 4 Personen

Zutaten:
400 g Rote Bete
800 g Süßkartoffeln
4 EL Olivenöl
2 EL gemahlene Kurkuma
Salz und Pfeffer
320 g Fenchel
4 Orangen (davon 1 Bio-Orange)
400 g Quark (0,3 % Fett)
320 g Kichererbsen
(aus der Dose)
120 ml Gemüsebrühe
2 EL Himbeeressig
2 EL Leinsamen

1

Den Backofen auf 180 °C (Ober- und Unterhitze) vorheizen. Ein Backblech mit Backpapier auslegen. Rote Bete und Süßkartoffeln schälen und in Spalten schneiden. Beides mit Öl, Kurkuma, Salz und Pfeffer in einer Schüssel vermengen, auf dem Blech verteilen und im Backofen (Mitte) 30 Minuten backen.

2

Fenchel putzen, waschen und in dünne Streifen schneiden. Etwas Fenchelgrün hacken (etwa 1 TL). Die Bio-Orange heiß waschen und abtrocknen, ½ TL Schale abreiben. Alle Orangen auspressen. Quark mit Orangenschale, 1 EL Orangensaft und Fenchelgrün verrühren, salzen und pfeffern. Kichererbsen abtropfen lassen.

3

Gemüsebrühe in einer beschichteten Pfanne erhitzen, den Fenchel darin zugedeckt bei kleiner Hitze 4 Minuten dünsten. Kichererbsen dazugeben und 3 Minuten mitdünsten. Übrigen Orangensaft dazugießen und etwas einkochen lassen. Die Fenchel-Kichererbsen-Mischung mit Salz und Pfeffer würzen und jeweils in die Mitte der Bowls geben. Süßkartoffeln und Rote Bete daneben anrichten, mit Himbeeressig beträufeln. Quark und Leinsamen darauf verteilen.

(1)(2)(3)(4)(5)(6)(7)(8)(9)(10)(11) **11,4 Fettpunkte**

NUDEL-GEMÜSE-BOWL MIT PINIENKERNEN

1

Die Zucchini waschen, putzen und in 1 cm dicke Scheiben schneiden. Die Zwiebeln schälen und in mundgerechte Stücke schneiden. Den Knoblauch schälen und fein hacken. Die Paprikaschoten putzen, waschen und grob würfeln. Die Nudeln in kochendem Salzwasser nach Packungsangabe bissfest garen.

2

120 ml Gemüsebrühe in einer beschichteten Pfanne erhitzen, das vorbereitete Gemüse darin zugedeckt 10 Minuten dünsten. Anschließend das Pesto und die restliche Gemüsebrühe dazugeben und offen 3 Minuten köcheln lassen.

3

Die Pinienkerne in einer beschichteten Pfanne leicht rösten. Die Nudeln abgießen und in vier Bowls anrichten, das Gemüse darübergeben. Mit Petersilie und Pinienkernen bestreuen.

Für 4 Personen

Zutaten:

400 g Zucchini
200 g rote Zwiebeln
2 Knoblauchzehen
80 g gelbe Paprika
400 g Vollkornnudeln (z. B. Penne)
Salz
200 ml Gemüsebrühe
2 EL Pesto (aus dem Glas)
40 g Pinienkerne
4 EL gehackte Petersilie

1 2 3 4 5 6 7 8 9 10 11 12 13 14 **13,9 Fettpunkte**

WILDREIS-BOWL MIT AVOCADO-TOPPING

Für 4 Personen

Zutaten:
600 g Süßkartoffeln
2 EL Paprikapulver (rosenscharf)
2 EL Currypulver
Salz und Pfeffer
2 EL Olivenöl
280 g Wildreis
200 g Avocado
200 g Cocktailtomaten
40 g Feldsalat
4 EL gehackte Petersilie
4 EL Limettensaft
200 g Bio-Salatgurke
2 Knoblauchzehen
400 g Joghurt (1,5 % Fett)
40 g Alfalfasprossen

1
Den Backofen auf 180 °C (Ober- und Unterhitze) vorheizen. Die Süßkartoffeln schälen und in Würfel schneiden. Mit Paprika- und Currypulver, Salz, Pfeffer und Olivenöl vermischen. Im Backofen (Mitte) ca. 30 Minuten backen, dabei hin und wieder wenden.

2
600 ml Wasser mit etwas Salz in einem Topf aufkochen, den Wildreis dazugeben und den Topf vom Herd nehmen. Den Reis zugedeckt in 10 Minuten gar ziehen lassen.

3
Für das Topping die Avocado schälen und klein würfeln. Die Tomaten waschen und halbieren. Den Feldsalat waschen und klein schneiden. Den Reis in Bowls geben. Die Süßkartoffelwürfel darauf verteilen. Avocadowürfel, Tomatenhälften, Salat und Petersilie hinzufügen und alles mit dem Limettensaft beträufeln.

4
Die Gurke waschen und den Knoblauch schälen. Beides fein reiben und mit Joghurt verrühren. Den Joghurt salzen, pfeffern und als Topping in die Bowls geben. Die Alfalfasprossen waschen und darüberstreuen.

15,3 Fettpunkte

SALAT-BOWL MIT QUINOA UND LIMETTEN-HÄHNCHEN

Für 4 Personen

Zutaten:
120 g Quinoa
240 ml Gemüsebrühe
4 EL Limettensaft
400 g Hähnchenbrustfilet
Salz und Pfeffer
2 EL Knoblauchpulver
2 EL Knoblauchöl
4 EL Balsamico-Essig
2 EL Honig
160 g Kopfsalat
80 g Salatgurke
½ gelbe Paprika
120 g Cocktailtomaten
120 g Fetakäse (9 % Fett)
2 EL gehackte Petersilie

1

Quinoa heiß waschen. Mit 200 ml Gemüsebrühe in einem Topf aufkochen. Quinoa zugedeckt bei kleiner Hitze 20 bis 25 Minuten köcheln lassen. Anschließend mit einer Gabel auflockern, etwas abkühlen lassen und 1 TL Limettensaft untermischen.

2

Die Hähnchenbrustfilets waschen, mit Küchenpapier trocken tupfen und in Streifen schneiden. Die Streifen in einer Schüssel mit Salz, Pfeffer, Knoblauchpulver, je 1 EL Knoblauchöl, Balsamico-Essig und übrigem Limettensaft mischen. Das Fleisch in einer beschichteten Pfanne von allen Seiten goldbraun braten.

3

Für das Dressing 1 EL Knoblauchöl und Essig mit Honig und übriger Gemüsebrühe verrühren. Kopfsalat und Salatgurke waschen und klein schneiden. Paprikaschote putzen, waschen und klein schneiden. Die Tomaten waschen und halbieren. Den Fetakäse würfeln. Alles mit Petersilie mischen. Die Mischung in vier Bowls geben, Fleischstreifen und Quinoa darauf verteilen. Alles mit dem Dressing beträufeln.

1 2 3 4 5 6 7 8 9 10 11 **10,8 Fettpunkte**

SALAT-BOWL MIT GARNELEN UND JOGHURT-TOPPING

Für 4 Personen

Zutaten:

200 g Blattspinat
400 g Feldsalat
640 g gelbe Paprika
4 EL Apfelessig
4 EL Walnussöl
8 EL Gemüsebrühe
2 TL mittelscharfer Senf
2 EL Honig
Salz und Pfeffer
600 g Garnelen
6 EL Limettensaft
200 g Joghurt (1,5 % Fett)
1 EL gehackte Minze
1 Granatapfel

1

Blattspinat und Feldsalat putzen, waschen und trocken schleudern. Paprika putzen, waschen und klein würfeln. Alles in vier Bowls geben. Für das Dressing den Apfelessig mit Walnussöl, 4 EL Gemüsebrühe, Senf, Honig, Salz und Pfeffer verrühren und mit dem Salat in den Bowls vermischen.

2

4 EL Gemüsebrühe in einer beschichteten Pfanne erhitzen, die Garnelen darin ca. 4 Minuten dünsten. Mit 4 EL Limettensaft ablöschen und die Garnelen mit Salz und Pfeffer würzen. Die Pfanne vom Herd nehmen und die Garnelen 5 Minuten ruhen lassen.

3

Den Joghurt mit 2 EL Limettensaft und Minze verrühren, mit Salz und Pfeffer würzen. Den Granatapfel halbieren und die Kerne herauslösen. Die Garnelen auf dem Salat verteilen. Den Joghurt und die Granatapfelkerne als Topping daraufgeben.

1 2 3 4 5 6 7 8 9 10 11 **11,2 Fettpunkte**

COUSCOUS-BOWL MIT GARNELEN UND MANGO

Für 4 Personen

Zutaten:

280 ml + 4 EL Gemüsebrühe
2 EL gemahlene Kurkuma
280 g Couscous
2 Mangos
4 Frühlingszwiebeln
1 Bund Koriandergrün
1 Stück Ingwer (2 cm)
2 Knoblauchzehen
1 Chilischote
2 EL Olivenöl
2 EL Sesamöl
2 EL Limettensaft
2 EL Zuckersirup (oder Zuckerrübensirup)
4 EL Apfelessig
Salz und Pfeffer
600 g Garnelen
4 Möhren

1

280 ml Gemüsebrühe mit Kurkuma aufkochen, den Couscous dazugeben, 5 Minuten ziehen lassen. Die Mangos schälen, das Fruchtfleisch vom Stein schneiden und würfeln. Die Frühlingszwiebeln putzen, waschen und in Ringe schneiden. Mit den Mangowürfeln in eine Schüssel geben.

2

Das Koriandergrün waschen, trocken tupfen und hacken. Ingwer und Knoblauch schälen und fein würfeln. Die Chilischote putzen, waschen und fein hacken. Für das Dressing Koriander, Ingwer, Knoblauch und Chili mit Olivenöl, Sesamöl, Limettensaft, Zuckersirup, Apfelessig, Salz und Pfeffer verrühren. Das Dressing mit dem Frühlingszwiebel-Mango-Mix mischen.

3

4 EL Gemüsebrühe in einer beschichteten Pfanne erhitzen, die Garnelen darin 5 Minuten dünsten. Die Möhren putzen, schälen und raspeln. Den Couscous mit einer Gabel auflockern und in vier Bowls geben, den Mango-Frühlingszwiebel-Salat darauf anrichten. Die Garnelen obenauf legen. Die Möhrenraspel darauf verteilen.

1 2 3 4 5 6 7 8 9 10 **10,2 Fettpunkte**

ORANGENGRAUPEN-BOWL MIT GARNELEN

Für 4 Personen

Zutaten:

200 g Graupen
1 l Orangensaft
8 Frühlingszwiebeln
400 g Cherrytomaten
600 g Garnelen
2 EL Kokosöl
1 EL gemahlene Kurkuma
4 EL Zitronensaft
Salz und Pfeffer
20 g Leinsamen
20 g Sesamsamen

1

Graupen und Orangensaft in einen Topf geben, aufkochen und zugedeckt bei kleiner Hitze in 25 Minuten bissfest garen. Dabei gelegentlich umrühren.

2

Die Frühlingszwiebeln putzen, waschen und in feine Ringe schneiden. 4 EL beiseitestellen. Die Tomaten waschen und halbieren. Die Garnelen waschen und trocken tupfen.

3

Das Kokosöl in einer beschichteten Pfanne erhitzen, die Garnelen darin von allen Seiten ca. 4 Minuten anbraten. Kurkuma mit den Garnelen vermengen. Nach 2 Minuten Garzeit die Tomaten dazugeben und nach 1 weiteren Minute die Frühlingszwiebeln hinzufügen und fertig braten. Mit Zitronensaft ablöschen und mit Salz und Pfeffer würzen.

4

Die Orangengraupen in vier Bowls geben und die Garnelenmischung darauf verteilen. Mit Leinsamen, Sesamsamen und übrigen Frühlingszwiebeln als Topping bestreuen.

(1)(2)(3)(4)(5)(6)(7)(8)(9)(10)(11)(12)(13) **12,8 Fettpunkte**

NORDFRIESLAND-BOWL

Für 4 Personen

Zutaten:
600 g Bio-Kartoffeln
2 EL Rapsöl
Salz
300 g Rote Bete
200 g Quark (0,3 % Fett)
4 EL Milch (1,5 % Fett)
2 EL Schnittlauchröllchen
Pfeffer
400 g Nordseekrabben
4 EL Mineralwasser
4 Eier (Größe M)
40 g Sauce hollandaise (8 % Fett)

1

Backofen auf 200 °C (Ober- und Unterhitze) vorheizen. Kartoffeln waschen, ungeschält in mundgerechte Stücke schneiden und in eine ofenfeste Form geben. Rapsöl und etwas Salz untermischen. Im Ofen (Mitte) in 30 bis 45 Minuten knusprig rösten. Nicht wenden, da die Kartoffeln sonst nicht knusprig werden.

2

Rote Bete waschen, in einem Topf mit kaltem Wasser aufkochen und 30 Minuten köcheln lassen. Etwa 5 Minuten vor dem Ende der Garzeit etwas Salz ins Kochwasser geben. Die Rote Bete abschrecken, schälen, etwas abkühlen lassen und würfeln. Quark mit Milch und Schnittlauchröllchen verrühren, salzen und pfeffern. Krabben waschen und trocken tupfen.

3

Mineralwasser in einer beschichteten Pfanne erhitzen. Eier aufschlagen, in die Pfanne gleiten lassen und bei mittlerer Hitze zu Spiegeleiern stocken lassen. Die Sauce hollandaise erwärmen.

4

Die Kartoffeln aus dem Ofen nehmen und mit der Roten Bete in vier Bowls geben. Je 1 Spiegelei und die Krabben darauf verteilen. Quark und Sauce hollandaise daraufgeben.

Fleisch & Fisch

4,1 Fettpunkte

FLEISCHKLÖSSCHEN IN WEISSER SAUCE

1

Die Zwiebel schälen und fein hacken. Tatar, Zwiebel und Eiweiß mischen. Mit Salz, Pfeffer und Paprikapulver würzen. Aus dem Tatar kleine Bällchen formen.

2

Das Öl in einer beschichteten Pfanne erhitzen, die Bällchen darin bei mittlerer Hitze 3 bis 5 Minuten braten, bis sie rundum braun sind.

3

Das Mehl mit 3 EL Wasser glatt rühren, mit 500 ml Wasser verrühren und die Mischung zu den Tatarbällchen geben. Alles aufkochen, die Cremefine dazugeben und unterrühren. Die Sauce mit gekörnter Brühe würzen.

Dazu passen Salzkartoffeln oder Reis und Rote-Bete-Salat (Reis und Salatdressing extra berechnen).

Für 4 Personen

Zutaten:

1 Zwiebel
250 g Tatar
1 Eiweiß (Größe M)
Salz und Pfeffer
Paprikapulver (rosenscharf)
1 TL Öl
20 g Mehl
50 ml Cremefine (7 % Fett)
2–3 TL gekörnte Gemüsebrühe

7,2 Fettpunkte

RINDFLEISCH MIT ZWIEBELSAUCE UND NUDELN

Für 4 Personen

Zutaten:

500 g mageres Rindfleisch
600 g Zwiebeln
2 Tomaten
2 EL Mineralwasser
Salz und Pfeffer
Paprikapulver (rosenscharf)
250 g Nudeln (z. B. Spirelli)
1 EL Mehl
50 g saure Sahne (10 % Fett)
2 TL gekörnte Gemüsebrühe

1

Das Fleisch waschen, trocken tupfen und in Würfel schneiden. Die Zwiebeln schälen und ebenfalls würfeln. Die Tomaten mit kochendem Wasser überbrühen, dann häuten und klein schneiden.

2

2 EL Mineralwasser in einem Topf erhitzen, das Fleisch darin 2 Minuten anbraten. Die Tomaten und Zwiebeln zum Fleisch geben. Alles mit Salz, Pfeffer und Paprikapulver würzen. Das Fleisch mit der Zwiebel-Tomaten-Mischung zugedeckt bei kleiner Hitze 60 bis 80 Minuten schmoren, bis das Fleisch gar ist. Während des Schmorens nach und nach 250 ml Wasser dazugeben.

3

Die Nudeln in kochendem Salzwasser nach Packungsangabe garen. Danach in ein Sieb abgießen und kalt abschrecken. Das Mehl mit etwas Wasser von den 250 ml glatt rühren, zum Fleisch geben und alles unter Rühren aufkochen. Die saure Sahne unterrühren und die Sauce nicht mehr kochen lassen. Die Nudeln untermischen und das Gericht mit der gekörnten Gemüsebrühe abschmecken.

1 2 3 4 **4,4 Fettpunkte**

HÄHNCHENBRUSTFILET MIT TOMATEN

1

Die Hähnchenbrustfilets waschen und trocken tupfen, mit Salz und Pfeffer würzen und in eine Auflaufform geben. Die Filets mit den sehr dünnen Schinkenscheiben belegen. Den Backofen auf 190 °C (Ober- und Unterhitze) vorheizen.

2

Die Pizzatomaten und getrockneten Tomaten klein schneiden und in einen Topf geben. Beides mit Tomatenmark, Pesto, Frischkäse und Ajvar dazugeben und verrühren. Die Kochsahne dazugeben und aufkochen. Die Tomatensauce mit Salz und Pfeffer würzen und über das Fleisch gießen. Die Hähnchenbrustfilets im Backofen (Mitte) 30 Minuten garen.

Dazu passen Pellkartoffeln oder Reis (extra berechnen).

Für 4 Personen

Zutaten:

400 g Hähnchenbrustfilet
Salz und Pfeffer
100 g geräucherter Schinken (3 % Fett) in sehr dünnen Scheiben
1 Dose Pizzatomaten (425 g)
4 getrocknete Tomaten
2 EL Tomatenmark
10 g Rucolapesto (aus dem Glas)
20 g Kräuterfrischkäse (16 % Fett)
2 EL mildes Ajvar (aus dem Glas)
2 EL Kochsahne (8 % Fett)

①②③④⑤⑥ **5,6 Fettpunkte**

SCHWEINEFILETRAGOUT

Für 4 Personen

Zutaten:
600 g Schweinefilet
2 kleine Zwiebeln
1 Knoblauchzehe
180 g Möhren
60 g Knollensellerie
1 EL Öl
Salz
60 g Tomatenmark
750 ml Gemüsebrühe
1 EL Currypulver
1 Prise Cayennepfeffer
1–2 TL Paprikapulver (edelsüß)
60 ml Milch (0,3 % Fett)
1 EL Speisestärke
2 EL gehackte Petersilie

1

Das Filet waschen, trocken tupfen und in größere Würfel schneiden. Zwiebeln und Knoblauch schälen und fein hacken. Möhren und Sellerie putzen, schälen und in kleine Würfel schneiden.

2

Das Öl in einer beschichteten Pfanne erhitzen, das Fleisch darin scharf anbraten. Dann das Fleisch aus der Pfanne nehmen und leicht salzen. Zwiebeln und Knoblauch im Bratfett bei kleiner Hitze glasig dünsten. Das Gemüse dazugeben und 1 bis 2 Minuten mitdünsten. Das Tomatenmark unter das Gemüse rühren und die Brühe dazugießen und aufkochen. Die Sauce mit Currypulver, Cayennepfeffer, Paprikapulver und Salz würzen und zugedeckt bei kleiner Hitze 15 Minuten köcheln lassen.

3

Das Fleisch dazugeben und einige Minuten in der Sauce ziehen lassen. Die Milch mit der Stärke verrühren und unter das Ragout mengen. Alles kurz aufkochen. Die Petersilie dazugeben und untermischen.

Dazu passen Nudeln (extra berechnen).

3 Fettpunkte

LAUCHGULASCH

Für 3 Personen

Zutaten:
500 g Hähnchenbrustfilet
2 Zwiebeln
1 kg Lauch
½ Zitrone
1 TL Öl
Salz und Pfeffer
Paprikapulver (edelsüß)

1

Die Hähnchenbrustfilets waschen, trocken tupfen und in kleine Stücke schneiden. Die Zwiebeln schälen und fein hacken. Den Lauch putzen, waschen und in dünne Ringe schneiden. Die Zitrone auspressen.

2

Das Öl in einer beschichteten Pfanne erhitzen, die Zwiebeln darin anbraten, bis sie leicht braun sind. Die Zwiebeln während des Anbratens mit Salz, Pfeffer und Paprikapulver würzen. Das Fleisch dazugeben und 1 Minute unter Wenden kurz mitbraten. Das Fleisch aus der Pfanne nehmen.

3

Lauch, Zitronensaft und 150 bis 250 ml Wasser dazugeben und alles aufkochen. Den Lauch zugedeckt bei kleiner Hitze 15 bis 20 Minuten garen. Das Fleisch hinzufügen und erhitzen.

Dazu passen Salzkartoffeln.

Wenn der Lauch sämiger sein soll, etwas Speisestärke in wenig Wasser anrühren und den Lauch damit binden.

5,5 Fettpunkte

PUTEN-BOHNEN-PFANNE

Für 4 Personen

Zutaten:
600 g Putenbrustfilet
4 kleine Zwiebeln
1 Knoblauchzehe
2 mittelgroße Möhren
1 EL Öl
800 g stückige Tomaten (aus der Dose)
2 Dosen weiße Bohnenkerne (à 240 g Abtropfgewicht)
1 EL gehackte Petersilie
Salz und Pfeffer

1

Das Putenfleisch waschen, trocken tupfen und in Streifen schneiden. Zwiebeln und Knoblauch schälen und fein hacken. Die Möhren putzen, schälen und in dünne Scheiben schneiden.

2

Das Öl in einer beschichteten Pfanne erhitzen, die Fleischstreifen darin scharf anbraten. Zwiebeln, Knoblauch und Möhren dazugeben und bei kleiner Hitze unter Rühren 1 bis 2 Minuten andünsten. Die Tomaten dazugeben und alles zugedeckt bei kleiner Hitze 10 bis 15 Minuten köcheln lassen.

3

Die Bohnenkerne in ein Sieb abgießen, abtropfen lassen und kalt abspülen. Bohnenkerne und Petersilie zum Putenfleisch geben und aufkochen. Die Putenpfanne mit Salz und Pfeffer würzen.

Dazu passen Salzkartoffeln oder Gnocchi, auch Reis oder Nudeln (extra berechnen).

(1)(2)(3)(4)(5)(6)(7)(8)(9)(10)(11) **10,6 Fettpunkte**

PAPRIKASCHNITZEL AUS DEM OFEN

Für 4 Personen

Zutaten:
285 g Mais (aus der Dose)
600 g rote und gelbe Paprikaschoten
2 Bund Frühlingszwiebeln
½ Bund Petersilie
4 Putenschnitzel (600 g)
1 EL Öl
Salz und Pfeffer
250 ml Zigeunersauce (Fertigprodukt)
100 g Reibekäse (16 % Fett)
Cayennepfeffer

1
Den Mais abtropfen lassen. Die Paprikaschoten halbieren, putzen, waschen und in feine Streifen schneiden. Die Frühlingszwiebeln putzen, waschen und in Ringe schneiden. Die Petersilie waschen, trocken schütteln und fein hacken. Die Putenschnitzel waschen und trocken tupfen.

2
Das Öl in einer beschichteten Pfanne erhitzen, die Schnitzel darin von beiden Seiten 2 Minuten anbraten. Die Schnitzel mit Salz und Pfeffer würzen und in eine Auflaufform legen. Den Backofen auf 200 °C (Ober- und Unterhitze) vorheizen. Die Paprikastreifen im heißen Bratfett anbraten. Die Frühlingszwiebeln hinzufügen und glasig andünsten. Den Mais unter das Gemüse mischen. 150 bis 200 ml Wasser dazugießen, alles aufkochen und bei kleiner Hitze ca. 5 Min. köcheln lassen.

3
Zigeunersauce und Petersilie unterrühren und die Paprikasauce aufkochen. Die Sauce mit Cayennepfeffer würzen, über die Schnitzel gießen und den Käse darüberstreuen. Die Schnitzel im Backofen (Mitte) 20 bis 30 Minuten überbacken.

①②③④⑤⑥⑦⑧ **7,7 Fettpunkte**

RINDFLEISCH-BOHNEN-PFANNE MIT KARTOFFELN

Für 4 Personen

Zutaten:

400 g festkochende Kartoffeln
Salz
800 g Rindfleisch
(aus der Oberschale)
2 rote Zwiebeln
2 Knoblauchzehen
1 EL Kokosöl
Pfeffer
2 EL Tomatenmark
1 EL Garam Masala (indisches Gewürz)
300 ml Rinderfond (aus dem Glas)
400 g TK-Prinzessbohnen

1

Die Kartoffeln schälen, in mundgerechte Stücke schneiden und mit Salzwasser bedeckt ca. 15 Minuten garen.

2

Das Rindfleisch abspülen, trocken tupfen und in Streifen schneiden. Zwiebeln und Knoblauch schälen und beides würfeln. Das Öl in einer beschichteten Pfanne erhitzen, die Rindfleischstreifen 3 Minuten von allen Seiten anbraten. Das Fleisch herausnehmen, mit Salz und Pfeffer würzen und warm halten.

3

Die Zwiebeln in dieselbe Pfanne geben und unter Rühren in 2 Minuten glasig andünsten. Den Knoblauch dazugeben und 1 Minute mitdünsten. Tomatenmark und Garam Masala unterrühren. Den Rinderfond dazugießen und aufkochen. Die Prinzessbohnen hinzufügen und alles zugedeckt 5 Minuten garen.

4

Die Kartoffeln abgießen und mit dem Rindfleisch unter die Bohnen mischen. Alles offen noch 2 Minuten garen. Mit Salz und Pfeffer abschmecken.

Dazu passt indisches Naan-Brot (extra berechnen).

1 2 3 4 5 6 7 8 9 10 11 **11,0 Fettpunkte**

KALBSRÖLLCHEN IN WEIN-SALBEI-SAUCE

1

Tagliatelle nach Packungsangabe in 10 Minuten bissfest garen. Die Schnitzel abspülen und trocken tupfen, dann zwischen Frischhaltefolie dünn klopfen, salzen und pfeffern. Salbeiblätter waschen und trocken tupfen. Je 1 Salbeiblatt und 1 Scheibe Schinken auf jedes Schnitzel legen. Die Schnitzel aufrollen und mit Holzspießchen fixieren.

2

Übrige Salbeiblätter fein hacken. Knoblauch ungeschält mit einem breiten Messer platt drücken. Schalotten schälen und würfeln. Öl in einer beschichteten Pfanne erhitzen, den Knoblauch dazugeben und die Kalbsröllchen darin rundherum 3 Minuten anbraten. Die Röllchen herausnehmen und warm halten.

3

Schalotten in dieselbe Pfanne geben und 2 Minuten dünsten. Wein und Kalbsfond dazugießen, aufkochen und offen um die Hälfte reduzieren. Knoblauch entfernen. Kondensmilch, Milch und gehackten Salbei hinzufügen. Grieß einrühren, alles 5 Minuten köcheln lassen.

4

Tagliatelle abgießen und abtropfen lassen. Mit jeweils 2 Kalbsröllchen auf vier Tellern anrichten und mit der Sauce beträufeln.

Für 4 Personen

Zutaten:

200 g Tagliatelle
640 g Kalbsschnitzel (8 Stück)
Salz und Pfeffer
12 Salbeiblätter
8 Scheiben geräucherter Schinken (3 % Fett)
2 Knoblauchzehen
4 Schalotten
1 EL Olivenöl
80 ml Weißwein
100 ml Kalbsfond (aus dem Glas)
150 ml Kondensmilch (4 % Fett)
50 ml Milch (3,5 % Fett)
1 EL Hartweizengrieß

8 Fettpunkte

TATARBÄLLCHEN MIT AUBERGINEN-TOMATEN-SAUCE

Für 4 Personen

Zutaten:

1 altbackenes Weizenbrötchen
2 Zwiebeln
1 Knoblauchzehe
1 Bund glatte Petersilie
500 g Tatar
1 Ei (Größe L)
Salz und Pfeffer
1 Aubergine
10 Blätter Basilikum
10 Zweige Thymian
1 EL Olivenöl
1 EL Tomatenmark
100 ml Gemüsebrühe
800 g stückige Tomaten
(aus der Dose)
1 TL Zucker

1

Das Brötchen in kaltem Wasser einweichen. Zwiebeln und Knoblauch schälen und fein würfeln. Petersilie waschen, trocken schütteln und hacken. Das Brötchen ausdrücken und mit der Hälfte der Zwiebeln, Tatar, Ei und Petersilie in einer Schüssel verkneten. Mit Salz und Pfeffer würzen. Aus der Masse 20 Bällchen formen.

2

Aubergine waschen, putzen, der Länge nach vierteln und in ½ cm dicke Scheiben schneiden. Basilikum waschen, trocken tupfen und fein schneiden. Thymian waschen, trocken schütteln und die Blättchen abzupfen.

3

Öl in einer beschichteten Pfanne erhitzen, die Bällchen darin rundherum 5 Minuten braten. Herausnehmen und warm halten. Übrige Zwiebeln in derselben Pfanne 2 Minuten dünsten. Tomatenmark unterrühren. Aubergine dazugeben, kurz mitdünsten und mit der Brühe ablöschen. Aubergine 5 Minuten garen.

4

Tomaten, Zucker, Basilikum und Thymian hinzuzufügen. Die Sauce salzen, pfeffern und 10 Minuten köcheln lassen. Die Pfanne vom Herd nehmen, die Bällchen dazugeben und zugedeckt 2 Minuten ziehen lassen.

5 Fettpunkte

GEBEIZTER WILDLACHS

1

Den Lachs abspülen und mit Küchenpapier trocken tupfen. Den Dill mit Salz und Zucker verrühren. Den Lachs in einen großen Gefrierbeutel legen und die Dillmischung auf einer Lachsseite verteilen. Den Beutel fest schließen und in eine Schale legen. Vorsicht, es bildet sich Flüssigkeit!

2

Den Beutel mit dem Lachs für 24 Stunden in den Kühlschrank legen. Zwischendurch das Lachsstück öfter wenden. Zum Servieren den Lachs aus dem Beutel nehmen, die Dillmischung vorsichtig abschaben und den Lachs in dünne Scheiben schneiden.

Dazu passt Brot oder Salat (extra berechnen).

Für 3 Personen

Zutaten:

500 g Wildlachs natur
1 Päckchen TK-Dill
2 EL grobes Salz
2 EL Zucker

Statt TK-Dill können Sie auch 1 Bund frischen Dill verwenden. Den Dill waschen, trocken schütteln und fein hacken.
TIPP

(1)(2)(3)(4) **4,5 Fettpunkte**

SHRIMPS-COCKTAIL

Für 4 Personen

Zutaten:

3 Stängel Petersilie
2 dünne Stangen Staudensellerie
4 Frühlingszwiebeln
1 EL mittelscharfer körniger Senf
3 EL Weißweinessig
2 TL Olivenöl
Mineralwasser
Salz und Pfeffer
1 Prise Cayennepfeffer
450 g küchenfertige Shrimps

1

Die Petersilie waschen, trocken schütteln und fein hacken. Den Staudensellerie waschen, putzen und klein schneiden. Die Frühlingszwiebeln putzen, waschen, in Ringe schneiden.

2

Für das Dressing den Senf mit Essig, Öl und wenig Mineralwasser mit einem Schneebesen verrühren. Petersilie, Staudensellerie und Frühlingszwiebeln untermischen. Mit Salz, Pfeffer und Cayennepfeffer pikant abschmecken.

3

Die Shrimps mit kaltem Wasser abspülen, auf Küchenpapier abtropfen lassen und vorsichtig unter das Dressing mischen. Den Shrimpscocktail abdecken, in den Kühlschrank stellen und 3 bis 4 Stunden ziehen lassen.

1 2 3 4 5 6 7 8 9 10 **10,2 Fettpunkte**

BACKOFENFORELLEN

1

Die TK-Forellen auftauen lassen. Den Backofen auf 180 °C (Ober- und Unterhitze) vorheizen. Die frischen Forellen innen und außen abspülen, mit Küchenpapier trocken tupfen, leicht salzen und pfeffern. Die Petersilie waschen und trocken schütteln. Die Schalotten schälen und in sehr feine Ringe schneiden oder hobeln.

2

In den Bauch der Forellen jeweils 10 g Butter, einige Stängel Petersilie und Schalottenringe legen. Die Forellen einzeln auf ein Stück Alufolie legen, eng in Folie einwickeln und die Folie seitlich gut verschließen. Die Forellenpäckchen auf ein Backblech legen und im Backofen (Mitte) 30 bis 35 Minuten garen. Dann herausnehmen und servieren.

Dazu passt Baguette (extra berechnen).

Für 4 Personen

Zutaten:

4 küchenfertige Forellen
(à 300 g, frisch oder tiefgekühlt)
Salz und Pfeffer
½ Bund Petersilie
4 Schalotten
40 g Butter

6 Fettpunkte

LACHS-PFIRSICH-PÄCKCHEN

Für 4 Personen

Zutaten:

200 g Pfirsiche (aus der Dose)
½ Zitrone
4 Wildlachsfilets (à 100 g)
Salz und Pfeffer
2 Frühlingszwiebeln
1 Knoblauchzehe
5 EL Pfirsichsaft
70 g Crème légère (15 % Fett)

1

Die Pfirsiche abtropfen lassen, die Zitrone auspressen. Den Wildlachs abspülen, mit Küchenpapier trocken tupfen, salzen, pfeffern und mit dem Zitronensaft beträufeln.

2

Die Pfirsiche in kleine Stücke schneiden. Die Frühlingszwiebeln putzen, waschen und in feine Ringe schneiden. Den Knoblauch schälen und durch die Presse in eine kleine Schüssel drücken. Mit Pfirsichsaft, Crème légère und etwas Salz verrühren.

3

Für die Päckchen vier Bögen Alufolie vorbereiten. Auf jeden Bogen 1 Wildlachsfilet legen. Die Pfirsichstücke und Frühlingszwiebeln auf den Lachs geben. Die Crème-légère-Mischung darauf verteilen. Die Alufolie fest verschließen und den Lachs auf einem heißen Grill 20 Minuten garen.

1 2 3 4 5 6 7 8 **8,4 Fettpunkte**

MEERESFRÜCHTE-TOMATEN-PFANNE

1

Die Tomaten mit kochendem Wasser überbrühen, häuten, vierteln und in kleine Stücke schneiden. Zwiebel und Knoblauch schälen und fein hacken. Die Paprikaschote halbieren, putzen, waschen und ebenfalls in kleine Stücke schneiden. Kabeljaufilet und Surimi in mundgerechte Stücke schneiden.

2

Öl in einem Topf erhitzen, Zwiebel und Knoblauch darin glasig andünsten. Tomatenmark, Tomaten und Paprikastücke hinzufügen und mitdünsten.

3

Die Kabeljaustücke, Flusskrebse, Krabben, Surimi und das Muschelfleisch dazugeben. Den Fischfond angießen, aufkochen und salzen. Alles bei kleiner Hitze 20 Minuten köcheln lassen. Mit Thymian und Petersilie bestreuen und mit den Brötchen servieren.

Für 4 Personen

Zutaten:

600 g Tomaten
1 kleine Zwiebel
1 Knoblauchzehe
1 grüne Paprikaschote
500 g Kabeljaufilet
200 g Surimi
1 EL Öl
1 EL Tomatenmark
125 g Flusskrebse
75 g Krabben
200 g Muschelfleisch
600 ml Fischfond (aus dem Glas)
Salz
1 TL Thymianblättchen
1 TL TK-Petersilie
4 Brötchen

1 2 3 4 5 6 7 8 9 10 11 12 13 **12,6 Fettpunkte**

ROTBARSCH MIT GURKEN-SENF-SAUCE

Für 4 Personen

Zutaten:
4 Schalotten
8 Gewürzgurken
800 g Rotbarschfilet
1 EL Rapsöl
2 EL Zitronensaft
50 ml Weißwein
130 ml Milch (1,5 % Fett)
70 g Sahne
1 EL Dijon-Senf
Salz und weißer Pfeffer

1
Die Schalotten schälen und fein würfeln. Die Gewürzgurken der Länge nach vierteln und in 3 mm dünne Scheibchen schneiden. Den Rotbarsch mit kaltem Wasser abspülen und trocken tupfen.

2
Das Öl in einer beschichteten Pfanne erhitzen, den Rotbarsch von beiden Seiten 4 Minuten braten. Mit dem Zitronensaft ablöschen. Den Fisch aus der Pfanne nehmen und warm halten.

3
Die Schalotten in dieselbe Pfanne geben und 1 Minuten dünsten. Mit dem Weißwein ablöschen. Gewürzgurken, Milch und Sahne dazugeben und aufkochen. Die Sauce 5 Minuten köcheln lassen. Den Senf unterrühren und die Sauce mit Salz und weißem Pfeffer abschmecken. Die Pfanne vom Herd nehmen. Den Fisch in die Sauce geben und zugedeckt 2 Minuten ziehen lassen.

Dazu passt Wildreis (extra berechnen).

1 2 3 4 5 6 7 8 **8,4 Fettpunkte**

WILDLACHS-GEMÜSE-RAGOUT

Für 4 Personen

Zutaten:

1 Zwiebel
3 Knoblauchzehen
1 Stück Ingwer (4 cm)
200 g Zucchini
160 g rote Paprikaschoten
150 g Kirschtomaten
1 Bio-Zitrone
2 Zweige Thymian
2 Zweige Rosmarin
2 EL Olivenöl
1 EL brauner Zucker
50 ml Weißweinessig
Salz und Pfeffer
800 g Wildlachsfilet

1

Zwiebel, Knoblauch und Ingwer schälen und fein würfeln. Die Zucchini waschen, putzen, der Länge nach halbieren und in ½ cm dicke Scheiben schneiden. Die Paprikaschote halbieren, putzen, waschen und in mundgerechte Stücke schneiden. Die Kirschtomaten waschen. Die Zitrone heiß waschen, der Länge nach halbieren und in dünne Scheiben schneiden. Thymian und Rosmarin waschen und trocken schütteln, Blättchen und Nadeln hacken.

2

Das Öl in einer Pfanne erhitzen, die Zwiebel darin 2 Minuten dünsten. Knoblauch und Ingwer dazugeben und 1 Minute mitdünsten. Gemüse und Kräuter hinzufügen und mit Zucker bestreuen. Essig und 150 ml Wasser dazugeben. Mit Salz und Pfeffer würzen. Alles aufkochen und zugedeckt bei kleiner Hitze 15 Minuten köcheln lassen.

3

Den Wildlachs waschen, trocken tupfen und in grobe Stücke schneiden. Lachs und Zitronenscheiben in die Pfanne geben, vorsichtig unter das Gemüse mischen und zugedeckt 10 Minuten garen.

Dazu passt Couscous oder Reis (extra berechnen).

Süsses mit Quark, Joghurt & Obst

3,9 Fettpunkte

QUARK-LIKÖR-CREME MIT PFLAUMEN

1

Die Pflaumen in einem Sieb abtropfen lassen. Den Frischkäse mit Zucker und Vanillinzucker in einer Schüssel verrühren. Dann nach und nach den Quark und den Likör unterrühren.

2

Die Pflaumen vorsichtig unter die Quarkcreme ziehen. Die Creme in sechs Dessertschalen füllen und 1 Stunde in den Kühlschrank stellen. Die Spekulatius zerbröseln und die Creme vor dem Servieren damit bestreuen.

Für 6 Personen

Zutaten:

200 g Pflaumen
(aus dem Glas, z. B. von Natreen)
150 g Frischkäse (0,2 % Fett)
50 g Zucker
2 Päckchen Vanillinzucker
450 g Quark (0,3 % Fett)
100 ml Likör
(z. B. Baileys, Eierlikör)
30 g Spekulatius

Das Dessert schmeckt auch mit Schattenmorellen anstelle von Pflaumen. Die Spekulatius können durch Amarettini ersetzt werden.
TIPP

1 2 **1,6 Fettpunkte**

GRIESSBREI MIT ERDBEEREN

Für 4 Personen

Zutaten:

400 ml Milch (1,5 % Fett)
30 g Hartweizengrieß
Zucker
150 g Erdbeeren

1

Die Milch in einem Topf aufkochen, den Grieß und 2 EL Zucker unter Rühren einrieseln lassen. Den Grieß bei kleiner Hitze 5 bis 10 Minuten quellen lassen.

2

Den Grießbrei in vier kleine Schälchen füllen und abkühlen lassen. Die Erdbeeren waschen, putzen und in kleine Stücke schneiden und mit wenig Zucker süßen. Die Erdbeerstückchen auf dem Grießbrei verteilen.

Je nach Saison können anstelle von Erdbeeren andere Beeren als Topping verwendet werden, z. B. Himbeeren, Blaubeeren, Johannisbeeren, Brombeeren oder Stachelbeeren.

①②③④ **4,2 Fettpunkte**

MANDELGRIESS

Für 4 Personen

Zutaten:

500 ml Milch (0,3 % Fett)
15 g Zucker
1 Prise Zimtpulver
50 g Hartweizengrieß
1 Eiweiß (Größe M)
300 g Apfelmus
10 g Mandelblättchen

1

Milch, Zucker und Zimtpulver in einem Topf aufkochen, den Grieß unter Rühren einrieseln lassen. Den Topf vom Herd nehmen und den Grieß 5 bis 10 Minuten quellen lassen. Danach unter Rühren kurz aufkochen, den Grieß beiseitestellen und etwas abkühlen lassen.

2

Das Eiweiß steif schlagen. Das Apfelmus unter den Grieß rühren und den Eischnee unterheben. Den Grieß in vier Schälchen füllen und mit Mandelblättchen belegen.

Wer Zeit hat, kocht eine größere Menge Apfelmus ohne Zucker selbst und friert einen Teil für das nächste Mal ein. Schneller geht's, wenn Sie Apfelmus aus dem Glas nehmen. Apfelmus ohne Zucker ist unter dem Begriff Apfelmark im Supermarkt erhältlich.

① **0,8 Fettpunkte**

BUNTE ÜBERRASCHUNG

Für 4 Personen

Zutaten:
1 Päckchen rote Götterspeise
1 Päckchen grüne Götterspeise
1 Päckchen gelbe Götterspeise
750 g Quark (0,3 % Fett)
400 ml Milch (0,3 % Fett)
50 g Zucker
1 Päckchen Vanillinzucker

1

Am Abend zuvor alle Sorten Götterspeise nach Packungsangabe zubereiten und im Kühlschrank über Nacht fest werden lassen.

2

Am nächsten Tag den Quark mit Milch, Zucker und Vanillinzucker in einer Schüssel mit einem Schneebesen cremig verrühren. Die feste Götterspeise in kleine Würfel schneiden und mischen. Die Götterspeisenwürfel vorsichtig schichtweise mit der Quarkcreme in vier Gläser füllen. Die oberste Schicht sollte aus Götterspeisewürfel bestehen.

Für die Götterspeise statt Zucker einen Zuckeraustauschstoff verwenden, damit die Götterspeise fest wird.
Wer möchte, bereitet eine Vanillesauce aus fettarmer Milch zu und reicht sie dazu (extra berechnen).

1 2 3 **2,7 Fettpunkte**

BUTTERMILCHGELEE MIT KIRSCHEN

1

Die Kirschen in einem Sieb abtropfen lassen und den Saft anderweitig verwenden. Die Gelatine in kaltem Wasser einweichen. Die Buttermilch mit Chiasamen, Zitronensaft und Vanillinzucker in einer Schüssel verrühren. Eventuell etwas Zucker oder Süßstoff unterrühren. Die Gelatine ausdrücken, in einem kleinen Topf auflösen und zügig unter die Buttermilchmischung rühren und diese kalt stellen.

2

Die Amarettini zerbröseln. Wenn die Buttermilch beginnt dicklich zu werden, diese mit den Kirschen und Amarettinibröseln schichtweise in kleine Gläser füllen und 1 Stunde in den Kühlschrank stellen.

Für 3 Personen

Zutaten:

1 kleines Glas Schattenmorellen (185 g Abtropfgewicht, z. B. von Natreen)
6 Blatt weiße Gelatine
500 g Buttermilch
15 g Chiasamen
2 EL Zitronensaft
1 Päckchen Vanillinzucker
Zucker oder Süßstoff (nach Belieben)
6 Amarettini

In der Beerensaison können Sie das Buttermilchgelee auch mit frischen Erdbeeren oder Beerenfrüchten nach Wahl zubereiten.
TIPP

0,5 Fettpunkte

QUARK-JOGHURT-CREME MIT MANDARINEN

4 Personen

Zutaten:

175 g Mandarinenstücke (aus der Dose)
3 Blatt weiße Gelatine
500 g Quark (0,3 % Fett)
250 g Joghurt (0,1 % Fett)

1

Die Mandarinen in einem Sieb abtropfen lassen, dabei den Saft auffangen. Die Gelatine in kaltem Wasser einweichen. Die Mandarinen klein schneiden.

2

Den Quark mit dem Joghurt verrühren. Den Mandarinensaft in einem Topf erwärmen. Die Gelatine ausdrücken und unter Rühren im warmen Saft auflösen. Sofort die Quark-Joghurt-Mischung nach und nach unterrühren. Die Mandarinen unterheben. Die Creme 1 Stunde in den Kühlschrank stellen.

Das Dessert schmeckt auch mit frischen Beeren sehr gut. Dann die Gelatine in 200 ml Beerensaft (z. B. Johannisbeernektar) auflösen.
TIPP

(1)(2)(3) **3,4 Fettpunkte**

VANILLE-KIRSCH-QUARK

Für 2 Personen

Zutaten:
370 g Schattenmorellen (z. B. von Natreen)
2 TL Vanillepuddingpulver
1 EL Zucker
500 g Quark (0,3 % Fett)
50 ml Milch (0,3 % Fett)
15 g Chiasamen
4 EL Zitronensaft
15 g Puderzucker

1

Die Kirschen in einem Sieb abtropfen lassen und den Saft auffangen (es sollten 250 ml sein). Von dem Kirschsaft 5 EL abnehmen und mit dem Puddingpulver anrühren. Den restlichen Saft mit Zucker in einem Topf aufkochen. Das angerührte Puddingpulver unter Rühren dazugeben und aufkochen. Die Kirschen hinzufügen und unter Rühren bei kleiner Hitze 1 Minute köcheln lassen, bis sie dicklich sind.

2

Die Kirschen in eine Schüssel füllen und abkühlen lassen. Inzwischen den Quark mit Milch, Chiasamen, Zitronensaft und Puderzucker mischen. Die Kirschen und den Quark abwechselnd in Dessertgläser schichten. Das Dessert bis zum Servieren kalt stellen.

Es können auch andere Früchte als Kirschen verwendet werden, z. B. Pfirsiche, Mirabellen oder Stachelbeeren aus dem Glas (z. B. von Natreen).

0,4 Fettpunkte

QUARKEIS MIT FRÜCHTEN

Für 2 Personen

Zutaten:
250 g Quark (0,3 % Fett)
150 g TK-Früchte
(nach Geschmack)
flüssiger Süßstoff oder Zucker
50 ml Mineralwasser

1

Den Quark, die gefrorenen Früchte und das Mineralwasser in einen Standmixer geben und so lange mixen, bis eine cremige Masse entstanden ist.

2

Die Früchte-Quark-Masse mit wenig Süßstoff oder Zucker süßen. Das Eis sofort servieren oder bis zum Servieren ins Tiefkühlfach stellen.

Verwenden Sie für die Zubereitung Ihre tiefgekühlten Lieblingsfrüchte. Sehr gut schmeckt das Eis mit Erdbeeren, Himbeeren oder einer exotischen Früchtemischung.

1,9 Fettpunkte

SCHNEEGESTÖBER

1

Das Schlagcremepulver mit der Milch in ein hohes Gefäß geben und mit dem Handrührgerät zu einer festen Creme aufschlagen. Das Baiser nicht zu klein zerbröseln. Die Kirschen abtropfen lassen.

2

Das Sorbet gleichmäßig in vier Dessertschalen geben und mit Baiserbröseln bestreuen. Die Kirschen darauf verteilen. Die Schlagcreme obenauf geben und alles vorsichtig vermengen. Das Dessert sofort servieren.

Für 4 Personen

Zutaten:

20 g Schlagcremepulver
(z. B. von Ruf)
50 ml Milch (0,3 % Fett)
40 g Baiser
120 g Schattenmorellen
(aus dem Glas, z. B. von Natreen)
120 g Sorbeteis
(z. B. Zitronensorbet)

Schlagcremepulver ist eine fettarme Alternative zu Sahne. Das Pulver wird mit kalter fettarmer Milch cremig aufgeschlagen. Es passt zu Obst, Eis oder Kuchen.
TIPP

1,3 Fettpunkte

VERSTECKTE KIRSCHEN

Für 4 Personen

Zutaten:

4 Pfirsichhälften (aus der Dose)
1 Bio-Zitrone
1 Vanilleschote
200 ml weißer Traubensaft
20 g Zucker
1 TL gehackte Minze
200 g Kirschen
(tiefgekühlt oder frisch)
30 g Crème fraîche (15 % Fett)
12 Amarettini

1

Die Pfirsichhälften in einem Sieb abtropfen lassen. Die Zitrone heiß waschen, abtrocknen und in dünne Scheiben schneiden. Die Vanilleschote halbieren und die Hälften mit einem Messer längs aufschneiden.

2

Den Traubensaft mit 75 ml Wasser, Zucker, Vanilleschote und Zitronenscheiben in einem breiten, flachen Topf aufkochen. Die Pfirsichhälften dazugeben, kurz aufkochen und den Topf vom Herd nehmen. Die Minze in den Sud geben. Die Pfirsiche im Sud erkalten lassen. (Kann schon am Vorabend zubereitet werden.)

3

TK-Kirschen auftauen lassen, frische Kirschen waschen und entstielen. Die abgekühlten Pfirsichhälften aus dem Sud nehmen, abtropfen lassen und mit den Kirschen füllen. Die Pfirsiche auf Tellern anrichten und je 1 TL Crème fraîche daraufgeben. Die Amarettini zerbröseln und die Kirschen damit bestreuen.

1,1 Fettpunkte

ZIMTAPFEL MIT KROKANT

1

Den Backofen auf 160 °C (Ober- und Unterhitze) vorheizen. Den Quark mit Vanillearoma, Zucker, Grieß und Zimtpulver in einer Schüssel verrühren. Die Masse gleichmäßig in vier ofenfeste Portionsförmchen füllen.

2

Den Apfel schälen, vierteln, entkernen und die Viertel in dünne Scheiben schneiden. Die Apfelscheiben auf die Quark-Grieß-Masse legen. Im Backofen (Mitte) 10 Minuten überbacken. Die Förmchen herausnehmen und mit Krokant bestreuen. Das Dessert sofort servieren.

Für 4 Personen

Zutaten:

500 g Quark (0,3 % Fett)
1 Fläschchen Vanillearoma
30 g Zucker
70 g Hartweizengrieß
1 Prise Zimtpulver
1 großer Apfel
15 g Krokant

Muffins, Kuchen & Torten

5,7 Fettpunkte

APFEL-QUARK-AUFLAUF

1

Den Backofen auf 180 °C (Umluft) vorheizen. Die Äpfel schälen, vierteln, entkernen und in dünne Scheiben schneiden. Die Apfelscheiben mit dem Zitronensaft beträufeln und bis zur Verwendung beiseitestellen.

2

Die Eier mit dem Zucker in einer Rührschüssel mit den Quirlen des Handrührgeräts schaumig schlagen. Den Quark mit Zitronenschale und Salz unter die Eier-Zucker-Masse rühren. Den Grieß mit dem Backpulver mischen und unter die Quarkmasse rühren.

3

Die Hälfte der Quarkmischung in eine Auflaufform geben. Die Apfelscheiben darauf verteilen. Die andere Hälfte der Quarkmischung auf den Äpfeln verteilen und glatt streichen. Die Oberfläche mit Zimtpulver bestreuen. Den Auflauf im Backofen (Mitte) 20 Minuten garen.

Für 4 Personen

Zutaten:

4 Äpfel
1 EL Zitronensaft
4 Eier (Größe M)
8 EL Zucker
800 g Quark (0,3 % Fett)
1 TL Zitronenschale
1 Prise Salz
140 g Weichweizengrieß
4 TL Backpulver
1 TL Zimtpulver

Den Auflauf warm als süßes Hauptgericht servieren oder als Dessert. Als Nachtisch reicht er für 8 Personen.

3,2 Fettpunkte

PANCAKES

Für 8 Stück

Zutaten:

2 Eier (Größe M)
60 g Zucker
1 Prise Salz
250 g Mehl
1 TL Backpulver
4 EL Milch (0,3 % Fett)
1 EL Öl

1

Die Eier mit Zucker und Salz in einer Rührschüssel mit den Quirlen des Handrührgeräts schaumig schlagen. Das Mehl mit Backpulver mischen und dazugeben. Die Milch hinzufügen und alles zu einem dickflüssigen, fast festen Teig verrühren.

2

Aus dem Teig 8 Pancakes backen. Dafür eine beschichtete Pfanne dünn mit Öl einfetten und erhitzen, pro Pfannkuchen 1 EL Teig hineingeben. Den Teig bei mittlerer Hitze auf jeder Seite ca. 3 Minuten backen. Die Pfannkuchen aus der Pfanne nehmen und auf Küchenpapier etwas abkühlen lassen.

Die Pancakes noch warm mit etwas Marmelade bestreichen und servieren. Aus dem Teig kann man auch Waffeln backen. Dafür das Waffeleisen erhitzen, dünn einölen und den Teig darin backen. Die Pancakes lassen sich auch gut einfrieren und bei Bedarf im Ofen bei 225 °C in 15 Minuten aufwärmen.

1 2 3 **3,1 Fettpunkte**

BUTTERMILCH-APFEL-MUFFINS

1

Halbfettbutter, Zucker, Ei, Eiweiße, Milch, Backpulver, Dinkelmehl und die Buttermilch in eine Rührschüssel geben und mit den Quirlen des Handrührgeräts zügig zu einem glatten Teig verrühren. Den Teig in Muffinförmchen geben.

2

Die Äpfel waschen, abtrocknen, vierteln, entkernen und in kleine Stücke schneiden. Die Apfelstücke auf dem Teig verteilen.
Die Muffins im Backofen (Mitte) bei 150 °C (Umluft) 20 Minuten backen. Die Muffins herausnehmen, aus den Förmchen lösen und noch warm mit der Marmelade bestreichen.

Für 24 kleine Muffins

Zutaten:

150 g weiche Halbfettbutter
100 g Zucker
1 Ei (Größe M)
2 Eiweiß (Größe M)
150 ml Milch (0,3 % Fett)
1 Päckchen Backpulver
450 g Dinkelmehl (Type 1050)
150 g Buttermilch
2 säuerliche Äpfel (z. B. Boskop)
5 EL Aprikosenmarmelade

Verwenden sie entweder eine Muffinform aus Silikon oder setzen Sie in jede Mulde eines Muffinblechs ein Papierbackförmchen. Sie sparen sich dann das Einfetten.
TIPP

(1) kleine Muffins 1,2 Fettpunkte (1)(2) große Muffins 1,6 Fettpunkte

LIEBLINGSMUFFINS

Für 12 große oder 24 kleine Muffins

Zutaten:
600 g säuerliches Obst (z. B. Pflaumen oder Äpfel)
3 Eier (Größe M)
180 g Zucker
1 Päckchen Vanillinzucker
80 g Mehl
50 g Speisestärke
½ Päckchen Backpulver
Saft von ½ Zitrone
1 TL Zimtpulver

1
Das Obst waschen, entkernen und in kleine Spalten schneiden. 2 Eier trennen. Die Eiweiße steif schlagen, dabei 100 g Zucker einrieseln lassen und 3 Minuten weiterschlagen. Den Eischnee kalt stellen. Den Backofen auf 180 °C (Ober- und Unterhitze) vorheizen.

2
Das Ei, 2 Eigelb, 80 g Zucker und Vanillinzucker in einer Rührschüssel mit den Quirlen des Handrührgeräts schaumig schlagen.
Das Mehl mit Speisestärke und Backpulver mischen und die Mischung unter die Eigelbmasse rühren. Den Zitronensaft unterrühren.

3
Den Teig in die Vertiefungen eines Muffinblechs aus Silikon geben. Die Obstspalten darauf verteilen und mit Zimtpulver bestreuen. Die Muffins im Backofen (Mitte) 10 bis 15 Minuten backen. Die Muffins herausnehmen, mit Eischnee bestreichen und bei 170 °C in 10 bis 15 Minuten fertig backen, bis der Eischnee leicht gebräunt ist. Die Muffins auf einem Kuchengitter abkühlen lassen.

1,5 Fettpunkte

SCHOKOMUFFINS

Für 12 Muffins

Zutaten:
150 g Zucker
1 Päckchen Vanillinzucker
1 Ei (Größe M)
150 g Joghurt (1,5 % Fett)
100 ml Apfelsaft
180 g Dinkelmehl (Type 1050)
1 Päckchen Backpulver
40 g Schokostreusel

1
Den Backofen auf 160 °C (Umluft) vorheizen. Für den Teig Zucker, Vanillinzucker, Ei, Joghurt und Apfelsaft in eine Rührschüssel geben und mit den Quirlen des Handrührgeräts verrühren. Das Mehl mit Backpulver und Schokostreuseln mischen und dazugeben. Alles zu einem glatten Teig verarbeiten.

2
Papier- oder Silikonbackförmchen in ein Muffinblech mit 12 Vertiefungen setzen, diese jeweils zu drei Viertel mit dem Teig füllen. Den Teig im Backofen (Mitte) 13 Minuten backen. Die Muffins herausnehmen, sofort aus der Form lösen und auf einem Kuchengitter vollständig abkühlen lassen.

(1) **ohne Streusel 0,6 Fettpunkte** (1)(2)(3) **mit Streusel 3,1 Fettpunkte**

APFELKUCHEN MIT ROSINEN

Für 20 Stücke

Zutaten:

Für den Teig:
375 g Mehl
1 Päckchen Hefeteig-Garant
50 g Zucker
1 Päckchen Vanillinzucker
1 Prise Salz
1 Ei (Größe M)
200 ml Milch (0,3 % Fett)

Für den Belag:
2–3 kg Äpfel
50 g Rosinen

Für die Streusel:
100 g Mehl
60 g Butter
60 g Zucker

1

Den Backofen auf 200 °C (Ober- und Unterhitze) vorheizen. Ein Backblech mit Backpapier auslegen. Für den Teig das Mehl mit Hefeteig-Garant in einer Rührschüssel mischen. Zucker, Vanillinzucker, Salz, Ei sowie nach und nach die Milch dazugeben. Alles mit den Knethaken des Handrührgeräts in ca. 2 Minuten zu einem glatten Teig verarbeiten. Den Teig auf dem Backblech gleichmäßig verteilen.

2

Für den Belag die Äpfel schälen, vierteln, entkernen und in große Stücke schneiden. Die Apfelstücke gleichmäßig auf dem Teig verteilen. Die Rosinen auf eine Hälfte des Teiges streuen.

3

Für die zweite Hälfte Mehl, Butter und Zucker mit den Händen zu Streuseln verkneten und diese auf der zweiten Hälfte verteilen. Den Teig im Backofen (Mitte) 20 bis 25 Minuten backen. Den Kuchen herausnehmen und abkühlen lassen.

(1)(2) **1,6 Fettpunkte**

OBSTKUCHEN VOM BLECH

Für 20 Stücke

Zutaten:

500 g Mehl
1 Päckchen Backpulver
180 g Zucker
1 Päckchen Vanillinzucker
4 Eier (Größe M)
500 g Buttermilch
500 g Obst (z. B. Pflaumen)

1

Den Backofen auf 225 °C (Ober- und Unterhitze) vorheizen. Ein Backblech mit Backpapier auslegen. Das Mehl mit Backpulver in einer Rührschüssel mischen. Zucker, Vanillinzucker, Eier und Buttermilch dazugeben und mit den Quirlen des Handrührgeräts zu einem glatten Teig verrühren.

2

Den Teig auf dem Backblech gleichmäßig verstreichen. Das Obst waschen. Die Pflaumen halbieren, entsteinen und den Teig damit gleichmäßig belegen. Im Backofen (Mitte) ca. 15 Minuten backen. Den Kuchen herausnehmen und abkühlen lassen.

Je nach Geschmack können Sie frisches Obst oder Dosenobst (z. B. Pfirsiche, Mandarinen, Kirschen) verwenden. Das Dosenobst abtropfen lassen und auf dem Teig verteilen.
TIPP

2,3 Fettpunkte

CRACKERKUCHEN

Für 18 Stücke

Zutaten:

200 g Apfelmus
100 g Quark (0,3 % Fett)
1 l Milch (0,3 % Fett)
120 g Zucker
7 g Stevia-Streusüße (oder andere Streusüße)
1 Päckchen Vanillinzucker
100 g Mehl
1 Päckchen Vanillepuddingpulver
3 Eigelb (Größe M)
54 Cracker (z. B. TUC, ca. 197 g)

1

Apfelmus und Quark in einem Topf verrühren und erwärmen. 750 ml Milch, Zucker, Stevia und Vanillinzucker dazugeben und die Mischung aufkochen. 250 ml Milch mit Mehl, Puddingpulver und Eigelben glatt verrühren und langsam zur Apfelmus-Quark-Mischung in den Topf geben. Alles aufkochen und unter Rühren bei kleiner Hitze 1 Minute köcheln lassen. Die Puddingmasse unter gelegentlichem Rühren abkühlen lassen.

2

Ein Backblech oder ein Backblech mit Springrahmen mit Backpapier auslegen und zweimal 16 Cracker auf das Blech legen. Die abgekühlte Puddingmasse auf den Crackern verteilen und glatt streichen. Die Masse mit den restlichen Crackern abdecken und diese leicht andrücken. Den Kuchen kalt stellen.

Stevia ist im Supermarkt erhältlich. Das Süßungsmittel hat eine 300-mal höhere Süßkraft als Zucker, daher bei der Dosierung auf die Angaben des Herstellers achten. Zum Backen ist das Streupulver am besten geeignet.

0,8 Fettpunkte

KÄSEKUCHEN MIT OBST

1

Den Backofen auf 170 °C (Umluft) vorheizen. Eine Springform (Ø 24 cm) mit Backpapier auslegen. Das Ei trennen. Eigelb mit Zucker schaumig schlagen. Quark, Grieß, Backpulver, Vanillinzucker und Puddingpulver dazugeben und zu einem glatten Teig verarbeiten. Das Eiweiß steif schlagen und den Eischnee unterheben. Den Teig in die Form füllen und im Backofen (Mitte) 35 bis 45 Minuten backen. Danach den Boden aus der Form nehmen und abkühlen lassen.

2

Aus Milch, Puddingpulver, Zucker oder Süßstoff nach Packungsangabe einen Vanillepudding kochen. Den Pudding etwas abkühlen lassen. Eiweiß steif schlagen und den Eischnee unterheben. Den Pudding vollständig abkühlen lassen.

3

Das Obst je nach Sorte waschen und zerkleinern (Dosenobst abtropfen lassen). Wenn nötig, das Obst mit etwas Zucker oder Süßstoff süßen.

4

Einen Tortenring um den Boden legen. Den kalten Pudding auf dem Boden verteilen. Das Obst daraufgeben und etwas andrücken.

Für 12 Stücke

Zutaten:

Für den Teig:
1 Ei (Größe M)
50 g Zucker
500 g Quark (0,3 % Fett)
30 g Hartweizengrieß
½ Päckchen Backpulver
1 Päckchen Vanillinzucker
1 Päckchen Vanillepuddingpulver

Für den Belag:
500 ml Milch (0,3 % Fett)
1 Päckchen Vanillepuddingpulver
Zucker oder flüssiger Süßstoff
1 Eiweiß (Größe M)
250 g frisches Obst
(z. B. Himbeeren, Brombeeren, Aprikosen, Kirschen)

(1) **1,2 Fettpunkte**

BISKUIT-KOKOS-BÄLLCHEN

Für 25 Stücke

Zutaten:

Für den Biskuitteig:

2 Eier (Größe M)
2 Eiweiß (Größe M)
110 g Zucker
1 Päckchen Vanillinzucker
1 Prise Salz
80 g Dinkelmehl (Type 1050)
40 g Speisestärke
1 TL Natron

Für die Kokosmasse:

500 g Quark (0,2 % Fett)
500 g Joghurt (0,1 % Fett)
20 g Zucker
1 Päckchen Vanillinzucker
1 Fläschchen Bittermandelaroma
20 g Kokosraspel

1

Die Eier trennen. 4 Eiweiß steif schlagen, dabei 40 g Zucker einrieseln lassen und 1 Minute weiterschlagen. Den Eischnee kalt stellen. 2 Eigelb mit übrigem Zucker, Vanillinzucker, Salz und 6 bis 8 EL lauwarmem Wasser mit dem Handrührgerät in 6 Minuten schaumig schlagen.

2

Den Backofen auf 175 °C (Ober- und Unterhitze) vorheizen. Ein Backblech mit Backpapier auslegen. Den Eischnee auf die Eigelbmasse geben. Mehl, Stärke und Natron mischen, darübersieben und alles vorsichtig vermengen. Den Teig auf das Backblech streichen und im Backofen (Mitte) 25 Minuten backen. Den Biskuit auf ein Tuch stürzen, das Backpapier abziehen. Dann 10 Minuten abkühlen lassen.

3

Den Quark mit Joghurt, Zucker, Vanillinzucker und Bittermandelaroma in einer Schüssel glatt verrühren. Den Biskuit in kleine Stücke reißen, dazugeben und alles mit den Händen vermischen. Aus der Masse 25 Bällchen formen und jeweils in den Kokosraspeln wenden. Gekühlt schmecken sie am besten.

3,2 Fettpunkte

SPIEGELEIERKUCHEN

1

Den Backofen auf 175 °C (Ober- und Unterhitze) vorheizen. Ein Backblech mit Backpapier auslegen. Für den Teig die Halbfettmargarine mit Zucker und Eiern in einer Schüssel mit den Quirlen des Handrührgeräts cremig rühren. Mehl und Backpulver mischen und unter die Masse rühren. Den Teig gleichmäßig auf das Backblech streichen und im Backofen (Mitte) 15 Minuten backen.

2

Die Eiweiße steif schlagen. Aus Milch und Puddingpulver nach Packungsangabe einen Vanillepudding kochen und etwas abkühlen lassen. Dann die Crème légère unterrühren. Den Eischnee unterheben. Die Masse auf dem vorgebackenen Teig verteilen und 10 Minuten weiterbacken. Den Kuchen herausnehmen und abkühlen lassen.

3

Die Pfirsiche abtropfen lassen, dabei den Saft auffangen (es sollten 250 ml sein). Die Pfirsichhälften mit etwas Abstand auf der Puddingmasse verteilen. Den Pfirsichsaft mit Wasser auf 300 ml auffüllen. Aus dem Saft und Tortengusspulver nach Packungsangabe einen Guss zubereiten. Diesen über den Kuchen ziehen und abkühlen lassen.

Für 12 Stücke

Zutaten:

Für den Teig:
50 g Halbfettmargarine (39 % Fett)
150 g Zucker
2 Eier (Größe M)
150 g Mehl
2 TL Backpulver

Für den Belag:
2 Eiweiß (Größe M)
250 ml Milch (0,3 % Fett)
½ Päckchen Vanillepuddingpulver
50 g Crème légère (5 % Fett)
460 g Pfirsich (aus der Dose)
1 Päckchen klarer Tortenguss

5,4 Fettpunkte

CAPPUCCINOTORTE

Für 12 Stücke

Zutaten:

3 Eier (Größe M)
120 ml Cremefine (19 % Fett)
100 g Zucker
500 g Frischkäse (0,2 % Fett)
1½ Päckchen weißes Gelatinepulver
3 EL lösliches Kaffeepulver
1 Fläschchen Bittermandelaroma
1 dunklen Wiener Tortenboden (Fertigprodukt)
20 g Kakaopulver, stark entölt

1

2 Eier trennen. Eiweiße steif schlagen. Cremefine aufschlagen. Das übrige Ei mit Eigelben und Zucker schaumig schlagen. Frischkäse unterrühren. Aufgeschlagene Cremefine und Eischnee unterheben.

2

Die Gelatine in kaltem Wasser anrühren und 10 Minuten quellen lassen. 200 ml Wasser aufkochen, die feste Gelatine darin auflösen. Knapp die Hälfte davon in einer Tasse zur Seite stellen. Die andere Hälfte mit Kaffeepulver und Bittermandelaroma verrühren.

3

Den Tortenboden waagerecht in drei Teile teilen. Den unteren Boden auf eine Tortenplatte legen, mit einem Tortenring versehen. Den Tortenboden mit der Kaffee-Flüssigkeit tränken. Die übrige Gelatine-Mischung unter die Frischkäsemasse rühren und ein Drittel davon auf den getränkten Boden streichen.

4

Den mittleren Tortenboden auflegen und mit Creme bestreichen, den oberen Boden daraufsetzen und mit Creme bestreichen. Das Kakaopulver darübersieben. Die Torte für 1 Stunde ins Tiefkühlfach stellen, danach über Nacht im Kühlschrank fest werden lassen. Zum Servieren den Tortenring entfernen.

3 Fettpunkte

LEICHTE HIMBEERTORTE

Für 12 Stücke

Zutaten:

Für den Biskuitteig:
2 Eier (Größe M)
2 Eiweiß (Größe M)
110 g Zucker
1 Päckchen Vanillinzucker
1 Prise Salz
80 g Mehl
40 g Speisestärke

Für die Creme:
2 Päckchen weißes Gelatinepulver
250 ml Milch (0,3 % Fett)
90 g Zucker
1 Päckchen Vanillinzucker
11 g Stevia-Streusüße
400 g Quark (0,3 % Fett)
200 g Quark (40 % Fett)
300 g Joghurt (0,1 % Fett)
50 ml Himbeersirup
1 EL Zitronensaft
250 g Himbeeren

1

Ofen auf 175 °C (Ober- und Unterhitze) vorheizen. Eine Springform (Ø 24 cm) mit Backpapier auslegen. Eier trennen. 4 Eiweiß steif schlagen, dabei 40 g Zucker einrieseln lassen und 1 Minute weiterschlagen. Eischnee kalt stellen. Eigelbe mit übrigem Zucker, Vanillinzucker, Salz und 4 EL lauwarmem Wasser mit dem Handrührgerät in 6 Minuten schaumig schlagen.

2

Eischnee auf die Eigelbmasse geben und unterheben. Mehl und Speisestärke darübersieben und vermengen. Den Teig in die Form füllen und im Ofen (Mitte) 25 Minuten backen. Danach auskühlen lassen.

3

Die Gelatine in kaltem Wasser anrühren und 10 Minuten quellen lassen. Milch mit Zucker und Vanillinzucker erwärmen, die feste Gelatine darin auflösen. Stevia dazugeben und abkühlen lassen. Quark mit Joghurt, Himbeersirup und Zitronensaft verrühren. Himbeeren waschen, trocken tupfen und unterheben. Den Tortenboden auf eine Tortenplatte legen, mit einem Tortenring versehen. Die Milch-Gelatine-Mischung in die Quarkcreme rühren und auf den Tortenboden geben. Die Torte über Nacht kalt stellen. Zum Servieren den Tortenring entfernen.

FETTTABELLE

Brot		Fett in g
Baguette	3 Scheiben	0,4
Baguettebrötchen	1 Stück	0,4
Croissant (Bäckerei)	1 Stück	18,8
Ciabatta (50 g)	1 Stück	0,9
Eiweißbrot	100 g	10,0
Knäckebrot	2 Scheiben	0,3
Knäckebrot, Köstlich	1 Scheibe	1,0
Knäckebrot, Mehrkorn	1 Scheibe	0,3
Knäckebrot, Mjölk	1 Scheibe	0,2
Knäckebrot, Roggen Dünn	1 Scheibe	0,2
Knäckebrot, Rustikal	1 Scheibe	0,2
Knusperbrot, Roggen	4 Scheiben	1,0
Laugenbrezel/Laugenbrötchen	50 g	1,0
Mehrkornbrot	1 Scheibe	1,0
Mehrkornbrötchen	1 Stück	3,6
Mischbrot	1 Scheibe	1,0
Milchbrötchen ohne Rosinen	1 Stück	1,0
Pumpernickel	1 Scheibe	0,6
Reiswaffel, Vollkorn	1 Stück	0,2
Reiswaffel, Vollkorn/Schoko	1 Stück	4,2
Roggenbrot	1 Scheibe	0,6
Roggenmischbrot	1 Scheibe	0,7
Rosinenbrot	1 Scheibe	2,9
Sechskornbrot	1 Scheibe	1,0
Schokocroissant	1 Stück	27,8
Sonnenblumenbrot (Korn an Korn)	1 Scheibe	5,0
Toastbrot Vollkorn	1 Scheibe	1,0
Toastbrot, Weizen	1 Scheibe	1,0
Vierkornbrot	1 Scheibe	1,0
Vollkornbrot	1 Scheibe	1,0
Vollkornbrot aus Dinkel	1 Scheibe	1,0
Vollkornbrot mit Sonnenblumenkernen	1 Scheibe	4,0

Vollkornbrötchen	1 Stück	1,0
Weißbrot	1 Scheibe	0,6
Weißbrot mit Rosinen	1 Scheibe	2,0
Weizenbrötchen	1 Stück	1,1
Weizentoastbrot	2 Scheiben	2,3
Weltmeisterbrötchen	1 Stück	5,0
Zwieback	1 Scheibe	0,8
Brotaufstriche		
Marmelade (alle Sorten)		0,0
Erdnusscreme	1 geh. TL	10,0
Erdnuss-/Haselnuss-/Mandelmus	1 geh. TL	18,0
Honig	1 geh. TL	0,0
Nuss-Nougat-Creme	1 geh. TL	6,0
Le Parfait	25 g	6,0
Milka Philadelphia 14 %	10 g	1,4
Vegetarische Streichcreme	25 g	5,0
Eier		
Hühnerei 1 St.	58 g	6,6
Hühnereigelb, roh 1 St.	19 g	6,1
Hühnereiweiß, roh 1. St.	36 g	0,0
Wachtelei 1 St.	12 g	1,3
Fast Food		
McDonald's		
Frühstück		
Croissant Frühstück		16,0
McCroissant		14,0
McMuffin Egg		13,0
McMuffin Fresh Chicken		18,0
Rührei Bacon		27,0
Sandwiches		
Hamburger		8,5
Cheeseburger		12,0
Filet-o-Fish		13,0

McRib		22,0
Veggieburger TS		16,0
Big Mac		25,0
Hamburger Royal TS		28,0
Chicken und Saucen		
6 Chicken McNuggets		14,0
McChicken Classic		19,0
Süßsaure Sauce		0,3
Barbecuesauce		0,3
Senfsauce		3,5
Salate / Pommes		
Snack Salad Classic		0,2
Big Greek Salad		9,0
Balsamico-Dressing	1 Portion	0,7
Sauerrahm-Schnittlauch-Dip	1 Portion	12,0
Caesar Dressing		15,0
Pommes frites	(mittlere Portion)	16,0
Desserts		
Apfeltasche		12,0
Bio-Apfeltüte		0,1
Mango-Donuts (Zucker)		15,0
Erdbeerkuchen mit Buttermilchcreme		14,0
Eis und Getränke		
McSundae Karamell		6,1
McFlurry® PICK UP! Wildberry		11,0
Coffee McSunday®		8,0
Cappuccino		2,3
Chai Latte		7,2
Latte macchiato		4,4
Milchshakes		
Milchshake Vanillegeschmack		3,3
Milchshake Erdbeergeschmack		3,3
Milchshake Schokogeschmack		3,6

Nordsee		
Alaska-Seelachs 1 St.	460 g	31,8
Backfisch-Baguette 1 St.	185 g	15,3
Bismarck-Baguette 1 St.	175 g	5,1
Fischfrikadelle 1 St.	165 g	9,7
Fish & Chips mit Remoulade	1 Packung groß	48,9
Garnelen-Baguette 1 St.	165 g	11,6
Heißer Backfisch 1 St.	260 g	27,7
Nordseekrabben-Baguette 1 St.	130 g	14,7
Seelachsfilet v. Grill 1 Teller	560 g	33,3
Wrap, Garnele-Pute, 1 St.	175 g	12,6
Wrap, Räucherlachs, 1 St.	175 g	16,1
Burger King		
Bacon Cheeseburger 1 St.	132 g	15,0
Big King 1 St.	198 g	30,6
Big King XXL 1 St.	357 g	58,2
Cheeseburger 1 St.	122 g	12,7
Chicken Nugget Burger 1 St.	133 g	16,8
Chrispy Chicken 1 St.	183 g	30,0
Double Cheeseburger 1 St.	171 g	22,4
Double Whopper 1 St.	355 g	50,4
Hamburger 1 St.	110 g	9,4
King Pommes 1 Pack. groß	142 g	14,6
Starbucks		
Kuchen		
S'Mores Brownie, Marshmallow		17,3
Low Fat Blueberry Muffin		4,9
Himbeer Cheesecake Muffin		23,8
Chocolate Truffle Cake, Schokolade		23,1
Brot		
Sandwich Club		17,9
Laugencroissant, Schinken & Käse		18,0
Frischkäse-Bagel, cream cheese		16,4

Veganes Flatbread Falafel		15,0
Wrap Pute & Rucola		16,8
Getränke		
Java Chip Light Frappuccino® blended beverage Magermilch Crème – Grande Magermilch ohne Sahne	mittlere Größe	4,2
Chocolate cream Frappuccino mit Sahne Crème – Venti Magermilch mit Sahne		14,0
Iced Caffe mit Sahne Magermilch	mittlere Größe	12,6
Salted Toffee Macadania Latte Magermilch	mittlere Größe	8,8
Fertiggerichte		
Kartoffelsuppe mit Wiener Würstchen (TK)	400 g	14,4
Käse-Lauchsuppe (TK)	300 g	23,7
Klare Brühe	260 ml	0,3
Klare Gemüsebrühe	260 ml	0,3
Klare Hühner-Bouillon	260 ml	1,0
Klare Rindsbouillon	260 ml	0,9
Linseneintopf	400 g	12,4
Möhreneintopf/Hackb. (TK)	400 g	18,4
Ochsenschwanzsuppe	250 ml	4,2
Reistopf mit Fleischklößchen	400 g	9,6
Rindfleisch-Nudeltopf	400 g	6,4
Serbischer Bohneneintopf	400 g	5,6
Spargelcremesuppe	250 g	7,5
Spargelcremesuppe fettarm	250 ml	1,7
Tomate Nudel, Heiße Tasse	175 g	2,3
Tomatencremesuppe	250 g	4,0
Tomatencremesuppe fettarm	250 ml	0,8
Ungarische Gulaschsuppe	250 g	6,0
Ungarische Gulaschsuppe (TK)	350 g	11,9
Waldpilzcremesuppe fettarm	250 ml	1,7
Waldpilz Nudel, Heiße Tasse	175 g	3,9
Zwiebelsuppe	250 ml	0,7

5 Minuten Terrinen v. Maggi	je 250 ml	
Brokkoli-Nudeltopf		6,0
Gulaschtopf		7,0
Hühner-Nudeltopf		3,0
Kartoffelbrei mit Crème fraîche		18,0
Kartoffelbrei mit Fleischklößchen		10,0
Nudeln in Rahmsauce		12,0
Nudeln in Gulaschsauce		7,0
Nudeln in Waldpilzrahmsauce		12,0
Spaghetti Bolognese		8,0
Spaghetti in Tomatensauce		6,0
Fertiggerichte (Tiefkühlkost)		
Asia Knusperente	138 g	17,9
Asiapfanne, Hähnchen Curry	430 g	9,0
Asiapfanne, Hähnchen süßsauer	430 g	4,0
Chicken Wings, ca. 4 St.	160 g	22,7
Chinesische Knusperente 1 Schale	550 g	40,7
Cordon bleu, vom Schwein 1 St.	167 g	8,0
Döner Kebap (Rind, Huhn)	150 g	23,4
Geschnetzeltes Züricher Art	400 g	19,2
Hackwirsing Pfanne	350 g	18,0
Hähnchen Curry	250 g	5,5
Hähnchen Geschnetzeltes	250 g	9,8
Hähnchenschnitzel Cordon bleu 1 St.	140 g	3,8
Hühnerfrikassee	300 g	13,8
Jägerpfanne	300 g	6,0
Kohlroulade	480 g	16,3
Königsberger Klopse in Kapernsauce	250 g	26,5
Putencurry	250 g	6,8
Putenstreifen Pfanne	350 g	7,0
Rinderroulade	460 g	13,8
Rindersaftgulasch	400 g	10,8
Sauerbraten in Sauce	250 g	6,8

Wiener Hähnchenschnitzel 1 St.	142 g	12,2
Wiener Schnitzel 1 St.	180 g	26,3
Zwiebel-Sahne-Hähnchen-Topf	400 g	12,4
Baguettes (TK)		
2 Baguettes Bolognese	250 g	18,0
2 Baguettes Champignon	250 g	24,0
2 Baguettes Salami	250 g	22,0
2 Baguettes Tomate-Käse	250 g	24,0
2 Schlemmerbaguettes Hawaii	250 g	18,0
2 Schlemmerbaguettes Provence	250 g	34,0
Pizza (TK)		
Pizza Balance (Wagner)		10,2
Pizza Salami		44,0
Pizza Schinken		38,0
Pizza Spinat		27,0
Vollkornpizza		32,0
Fertigsuppen		
Tassensuppen	(1 Teller = 250 ml)	
Hühnersuppe		1,0
Blumenkohlcremesuppe		4,0
Champignoncremesuppe		2,0
Maggi Käse-Nudeltopf		14,0
Minuto Nudeltopf asiatisch		11,0
Tomatencremesuppe		3,0
Dosensuppen		
Champignoncremesuppe Lacroix	200 ml	12,0
Champignonrahmsuppe Knorr	200 ml	6,0
Chinesische Hühnersuppe Unox	200 ml	2,0
Doppelte Kraftbrühe Lacroix	200 ml	< 1,0
Erbsensuppe Bassermann	425 ml	20,0
Erbsentopf mit Speck Maggi	325 ml	10,0
Leberknödelsuppe Unox	200 ml	10,0
Nudeltopf mit Huhn Maggi	325 ml	21,0

Serbischer Bohnentopf Bassermann	425 ml	16,0
Tütensuppe		
Champignoncremesuppe Croûtons		13,0
Chinesische Gemüsesuppe Maggi		5,0
Deftiger Erbsentopf mit Speck		3,0
Lauchcremesuppe Maggi		9,0
Fertigteig		
Blätterteig Back'n Roll (Herta)	100 g	26,0
Pizzateig Pizza Kid (Knack & Back)	100 g	1,3
Burger		
1 Cheeseburger, TK-Iglo Bistro	140 g	18,0
1 Chickenburger TK-Iglo-Bistro	145 g	16,0
1 Fischburger TK-Käpt'n Iglo	160 g	15,0
1 Hamburger Tk-Iglo-Bistro	140 g	7,0
Fisch und Meeresfrüchte		
Aal	150 g	36,8
Aal, geräuchert	75 g	21,5
Austern	85 g	1,0
Barsch	150 g	1,2
Brathering	75 g	1,4
Bückling	100 g	15,5
Flunder	150 g	1,1
Flunder, geräuchert	75 g	1,4
Flusskrebs	100 g	0,5
Forelle, Bachforelle	150 g	4,1
Forelle, geräuchert	75 g	2,7
Garnelen	100 g	1,4
Hecht	150 g	1,4
Heilbutt	150 g	2,4
Hering	100 g	13,8
Hering, in Gelee	50 g	6,3
Hering, Matjes	100 g	22,5
Hering/Bismarckhering	120 g	19,2

Heringsfilet in Tomatensauce	120 g	18,0
Heringssalat mit Rote Bete	100 g	23,0
Hummer	100 g	1,9
Jakobsmuschel	100 g	1,9
Kabeljau	150 g	0,9
Karpfen	150 g	7,2
Kaviar	5 g	0,8
Kaviarersatz	5 g	0,3
Krabben/Nordsee	100 g	1,1
Krebsfleisch in Dosen	100 g	1,7
Lachs, aus Zucht	150 g	20,4
Lachs, geräuchert	75 g	14,6
Lachs, Konserve in Öl	75 g	17,1
Lachs, roh	100 g	13,6
Lachs, Wildfang	150 g	9,5
Lachsfilet (TK)	125 g	16,3
Lachsforellenfilet (TK)	125 g	12,8
Languste	100 g	1,1
Makrele	150 g	17,9
Makrele, geräuchert	75 g	11,6
Matjeshering	75 g	17,0
Miesmuschel	100 g	2,0
Ölsardinen	60 g	8,3
Pangasius, Filet (TK)	150 g	2,1
Riesengarnelen	100 g	1,3
Rotbarsch, geräuchert	75 g	4,1
Rotbarsch, Goldbarsch	150 g	5,4
Sahne-Heringsfilet	200 g	51,0
Salzhering	75 g	11,6
Sardine	150 g	6,8
Schellfisch	150 g	0,9
Schillerlocken	50 g	12,1
Scholle	100 g	0,8

Seehecht	150 g	3,8
Seelachs, geräuchert	75 g	0,6
Seelachs in Öl/Lachsersatz	25 g	2,0
Seezunge	150 g	2,1
Steinbutt	150 g	2,6
Sylter Matjestopf	100 g	25,0
Thunfisch	150 g	23,3
Thunfisch in Öl	100 g	20,9
Thunfisch in Wasser (Dose)	100 g	1,0
Tintenfisch	100 g	0,9
Wildlachs, geräuchert	100 g	2,0–5,0
Wildlachsfilet (TK)	100 g	4,6
Zander	150 g	1,1
Fleisch		
Rindfleisch		
Bauch	100 g	20,4
Brust, Quer-, Spannrippe	150 g	32,6
Hohe Rippe	150 g	9,6
Filet	150 g	6,0
Gulasch, mittelfett	150 g	12,9
Hackfleisch Rind	100 g	14,0
Hochrippe (Rostbraten)	150 g	12,2
Hüftdeckel, Tafelspitz	150 g	18,5
Hüfte	150 g	3,6
Kamm	150 g	12,8
Keule	150 g	10,7
Kugel, Nuss	150 g	4,4
Leber	150 g	5,1
Lende, Roastbeef	150 g	6,8
Ochsenschwanz	150 g	17,3
Schnitzel, mager	150 g	6,5
Steak, mager	150 g	6,8
T-Bone-Steak	150 g	21,6

Tatar	150 g	4,5
Zunge	150 g	23,9
Kalbfleisch		
Brust	150 g	9,5
Filet	150 g	2,1
Haxe	150 g	2,4
Keule	150 g	2,4
Kotelett	150 g	4,7
Leber	150 g	6,2
Rückensteak	150 g	3,9
Schnitzel	150 g	2,7
Schweinefleisch		
Bauch	150 g	31,7
Bug, Schulter	150 g	24,8
Dicke Rippe	150 g	23,4
Eisbein, Hinterhaxe	150 g	18,3
Filet	150 g	3,0
Hackfleisch	100 g	20,0
Hüfte, reines Fleisch	150 g	3,6
Kamm	150 g	20,7
Kassler	150 g	11,3
Keule, Hinterschinken	150 g	34,4
Kotelett	150 g	7,8
Leber	150 g	6,8
Lendensteak	150 g	3,2
Mett	150 g	33,8
Nuss	150 g	2,0
Rückenspeck, frisch	30 g	24,8
Schnitzel	150 g	2,9
Lammfleisch		
Lamm, Hüftkotelett, mager	150 g	14,4
Lamm, Hüftkotelett mit Fett	150 g	26,4
Lamm, Keule, mager	150 g	10,5

Lamm, Lendenkotelett, mager	150 g	10,7
Lamm, Muskelfleisch, Rücken	150 g	4,4
Lamm, Schulterkotelett, mager	150 g	16,2
Lamm, Stielkotelett, mager	150 g	12,3
Lamm, Stielkotelett mit Fett	150 g	31,2
Hammel, Muskelfleisch (Rücken)	150 g	5,4
Sonstiges Fleisch und Wild		
Damwild, Rücken	150 g	3,8
Hase	150 g	4,5
Hackfleisch halb und halb	100 g	17,5
Hirsch, Rücken	150 g	0,9
Hauskaninchen	150 g	11,4
Wildkaninchen	150 g	3,5
Pferd, Muskelfleisch	150 g	4,5
Reh, Rücken	150 g	2,6
Strauß, Rückenfilet	150 g	4,8
Wildschwein, Rücken	150 g	3,9
Geflügel		
Brathähnchen	250 g	23,3
Ente mit Haut	150 g	25,8
Ente ohne Haut	150 g	4,8
Gans ohne Haut	150 g	10,7
Hähnchenbrust o. Haut	150 g	1,1
Hähnchenbrust m. Haut	150 g	9,2
Hähnchenkeule m. Haut	150 g	22,8
Hähnchenkeule o. Haut	150 g	9,9
Pute/Truthahn, Brust	150 g	1,4
Pute/Truthahn, Filet	150 g	1,5
Suppenhuhn frisch	100 g	20,3
Wachtel	150 g	18,1
Fleischfertigwaren		
Bockwurst	115 g	29,0
Bratwurst fein	115 g	31,0

Bratwurst grob	115 g	28,0
Cordon bleu (Schwein)	150 g	17,0
Fleischsalat	100 g	37,0
Frankfurter Würstchen 1 Paar	100 g	24,0
Frikadellen	150 g	15,0
Hackbällchen (Herta)	30 g	6,0
Hot Dog (Herta)	100 g	8,0
Königsberger Klopse	50 g	5,0
Leberkäse	100 g	29,0
Leberkäse 3 %	100 g	3,0
Weißwurst 1 Paar	100 g	26,0
Wiener Würstchen 1 Paar	100 g	26,0
Wiener Würstchen light 1 Paar	83 g	12,0
Gemüse (Diese Sorten müssen mitberechnet werden.)		
Avocado	160 g	24,0
Kichererbsen	100 g	2,0
Mais	100 g	2,0
Oliven, grün	25 g	3,5
Oliven, schwarz	25 g	9,0
Getreide und Getreideprodukte		
Buitoni Fettuccine verdi	125 g	4,0
Buitoni Gnocchi di patate	200 g	1,0
Buitoni Ravioli	125 g	13,0
Buitoni Tortelloni Ricotta e Spinaci	125 g	11,0
Chinesische Eiernudeln	80 g	2,4
Chinesische Nudeln ohne Ei	80 g	1,2
Dampfnudeln	100 g	10,0
Dinkelmehl	20 g	1,0
Eierspätzle (TK)	200 g	4,8
Eierteigwaren	100 g	1,8
Germknödel Iglo TK	167 g	8,0
Maultaschen gekocht	250 g	13,0
Mehl, alle üblichen Sorten	100 g	< 1,0

Reis	100 g	1,1
Reis, gekocht	200 g	1,1
Reis, Wildreis	100 g	0,8
Reis, Wildreis, gekocht	200 g	0,8
Schupfnudeln (TK)	200 g	1,8
Semmelknödel Maggi 2 St.		5,0
Spätzle gekocht	150 g	8,0
Vollkornteigwaren ohne Ei	80 g	2,4
Vollkornteigwaren ohne Ei, gekocht	200 g	2,3
Müsli und Cerealien (immer 30 g)		
Bircher Müsli	125 g	6,8
Bran Flakes		1,0
Corn flakes, Corn Pops, Smacks		1,0
Crunchy Nut		1,0
Dinkelhaferflocken	100 g	2,0
Frosties		< 1,0
Haferfleks 3 EL		2,0
Haferflocken	100 g	7,0
Knusperflakes mit Schokolade 3 EL		3,0
Knusper-Honeys		9,0
Knusper-Müsli		8,0
Rice-Crispies		< 1,0
Nutri-Grain Schokomüsli	40 g	3,0
Heiße Getränke		
Café au lait	200 ml	2,5
Cappuccino instant	250 ml	1,0
Cappuccino instant /Milch	250 ml	3,0
Chocafé instant	250 ml	3,0
Heiße Schokolade	150 ml	6,0
Irish Coffee	260 ml	19,0
Latte macchiato	220 ml	4,2
Mocca Shake / frappé	330 ml	5,0

Softdrinks und Alkohol		
Apfelwein	200 ml	5,0
Bier	330 ml	11,0
Eierlikör	20 ml	1,4
Piña Colada	300 ml	1,8
Red Bull	250 ml	0,0
Schnaps	4 cl	2,0
Sekt	100 ml	7,0
Wein	200 ml	15,0
Käse		
Appenzeller 50 % i. Tr.	30 g	9,5
Bavaria Blue 70 % i. Tr.	30 g	12,0
Bergkäse 45 % i. Tr.	30 g	8,7
Bonifaz 70 % i. Tr.	30 g	13,2
Bresso »light« 8 % absolut	30 g	2,7
Bresso Frischkäse 60 % i. Tr.	30 g	7,0
Bresso Weichkäse 60 % i. Tr.	30 g	10,0
Brie 50 % i. Tr.	30 g	8,4
Burlander 30 % i. Tr.	30 g	4,8
Butterkäse 30 % i. Tr.	30 g	4,6
Butterkäse 60 % i. Tr.	30 g	10,4
Cambozola 70 % i. Tr.	30 g	12,0
Camembert 30 % i. Tr.	30 g	4,0
Camembert 45 % i. Tr.	30 g	6,7
Camembert 60 % i. Tr.	30 g	10,2
Edamer 30 % i. Tr.	30 g	4,9
Emmentaler »leicht« i. Tr.	30 g	3,0
Emmentaler 45 % i. Tr.	30 g	9,4
Esrom Classic i. Tr.	35 g	8,8
Esrom 16 % absolut	25 g	4,0
Feta, Patros i. Tr.	50 g	8,5
Géramont 75 % i. Tr.	30 g	12,6
Géramont leicht 39 % i. Tr.	30 g	4,8

Géramont mit Joghurt 45 % i. Tr.	30 g	6,0
Gouda 40 % i. Tr.	30 g	6,7
Gouda 17 % absolut	30 g	5,1
Harzer/Handkäse	30 g	0,2
Höhlenkäse 16 % absolut	25 g	4,0
Hüttenkäse 20 % i. Tr.	30 g	1,2
Kochkäse 10 % i. Tr.	30 g	0,9
Kochkäse 40 % i. Tr.	30 g	4,2
Körniger Frischkäse 0,4 % absolut	30 g	0,1
Le Tartare »leicht« 8 % absolut	30 g	3,0
Leerdammer 45 % i. Tr.	30 g	8,3
Le Rustique 11 % absolut	30 g	3,7
Limburger 9 % absolut	30 g	2,7
Limburger 40 % i. Tr.	30 g	5,9
Oliven mit Paprika	60 g	12,6
Parmesan 37 % i. Tr.	30 g	7,7
Parmesankäse 1 EL 30 %	15 g	2,0
Raclette 48 % i. Tr.	30 g	8,4
Roquefort 45 % i. Tr.	30 g	9,3
Scheibletten 45 % i. Tr.	20 g	5,0
Scheibletten 12 % absolut	20 g	3,0
Schmelzkäse 45 % i. Tr.	30 g	8,7
Schmelzkäse 9 % absolut	30 g	2,8
Schnittkäse 20 % i. Tr.	20 g	2,0
Schnittkäse 30 % i. Tr.	20 g	3,0
Schnittkäse 45 % i. Tr.	20 g	6,0
Tilsiter 30 % i. Tr.	30 g	5,2
Kuchen und Kekse		
Amerikaner 1 St.	110 g	7,3
Apfel-Butterstreusel (TK) 1 St.	108 g	9,8
Apfelkuchen 1 St.	120 g	9,0
Apfelstrudel 1 St.	150 g	10,3
Blätterteig 1 St.	50 g	14,8
Butterkeks 12 St.	14 g	1,7

Butterkuchen 1 St.	75 g	12,6
Cookies 2 St.	38 g	9,8
Donauwelle 1 St.	92 g	19,4
Donut mit Schokolade 1 St.	60 g	14,0
Dresdner Stollen 1 St.	100 g	17,6
Früchtebrot 1 Scheibe	100 g	8,6
Gewürzkuchen 1 St.	100 g	12,5
Gewürzspekulatius 5 St.	30 g	4,8
Kakaocreme 1 St.	25 g	5,1
Käsekuchen, Alt-Böhm. 1 St.	104 g	9,8
Käse-Sahne-Torte 1 St.	117 g	15,5
Kipferl 5 St.	35 g	5,6
Lebkuchen 2–3 St.	30 g	2,1
Löffelbisquit 5 St.	25 g	1,2
Mandel-Bienenstich 1 St.	58 g	11,5
Marmorkuchen 1 St.	70 g	15,2
Marzipankartoffeln 2 St.	13 g	13,0
Marzipantorte 1 St.	104 g	8,2
Muffin mit Schokolade 1 St.	100 g	27,9
Nussecke 1 St.	50 g	15,2
Nusskuchen 1 St.	100 g	29,1
Nuss-Sahnetorte 1 St.	108 g	23,2
Obstkuchen aus Hefeteig 1 St.	125 g	4,4
Pfannkuchen, Krapfen 1 St.	70 g	8,3
Philadelphia-Torte 1 St.	83 g	20,3
Russisch Brot 18 St.	30 g	0,3
Sahnerolle Erdbeer, 1 St.	67 g	6,8
Sahnetorte 1 St.	125 g	31,3
Schokokekse 1 St.	14 g	3,6
Schokowaffeln 1 St.	11 g	4,0
Schwarzwälder Kirschtorte 1 St.	117 g	14,1
Schweinsohren	100 g	20,0
Zimtsterne 6 St.	34 g	8,8

Milch- und Milchprodukte		
Buttermilch 1 Glas	250 g	1,3
Dickmilch 1,5 %	100 g	1,5
Frische Milch 1,5 %	250 ml	3,8
Frische Milch 3,5 %	250 ml	8,8
Frucht-Buttermilch	500 g	2,5
H-Milch 0,1 %	250 ml	0,3
H-Milch 0,3 %	250 ml	0,8
Kefir 1,5 %	100 g	1,5
Kondensmilch 10 %, 1 EL	15 g	1,5
Kondensmilch 4 %, 1 EL	15 g	0,6
Molke	250 ml	0,5
Sahne/Schlagsahne 30 %	25 ml	7,9
Saure Sahne 10 % Fett	25 ml	2,5
Schmand 24 % Fett	100 g	6,0
Stutenmilch	250 ml	3,8
Ziegenmilch	250 ml	9,8
Frischkäse und Quark		
Buko Balance 17 %	30 g	5,1
Buko Der Sahnige	30 g	7,5
Doppelrahmfrischkäse	30 g	9,5
Feta 45 % Fett	30 g	5,0
Feta 9 % (Salakis)	30 g	3,0
Frischkäse Bärlauch Petrella	30 g	7,3
Frischkäsezubereitung m. Kräutern 20 %	30 g	2,3
Frischkäse 0,5 %	10 g	0,0
Frischkäse 5 %	10 g	0,5
Frischkäse 11 %	10 g	1,1
Frischkäse 16 %	10 g	1,6
Hüttenkäse, Gervais	200 g	7,8
Körniger Frischkäse 0,2 %	150 g	4,4
Mascarpone 1 EL	25 g	11,9
Mozzarella 45 %	100 g	19,8

Mozzarella 8,5 %	100 g	8,5
Speisequark 20 %	150 g	7,7
Speisequark 40 %	150 g	17,1
Speisequark 0,3 %	150 g	0,5
Ziegenfrischkäse 8 %	30 g	2,4
Joghurt, Milkshakes, Dessert		
Actimel Classic 0,1 %	100 g	0,1
Activia Classic mit Früchten	115 g	3,2
Almighurt mit Früchten	150 g	4,2
Alpro Dessert Vanille	125 g	2,0
Biojoghurt min. 3,7 %	150 g	5,0
Caffè Latte/Cappuccino	230 ml	3,2
Dany Sahne Schoko	115 g	7,7
Exquisa 0,2 % Fruchtquark	150 g	0,3
Früchte Traum 0,1 % Fett	125 g	0,1
Früchte Traum mit Frucht	125 g	5,0
Fruchtzwerge 20 %	50 g	3,0
Grand Dessert Schoko	200 g	9,8
Grieß Traum	125 g	5,4
Grießpudding 0,9 % Optiwell	150 g	1,4
Joghurt entrahmt 0,3 %	150 g	< 1,0
Joghurt mit der Knusper Ecke	150 g	8,6
Joghurt teilentrahmt 1,5 %	150 g	2,0
Joghurt vollfett 3,5 %	150 g	5,0
Kefir 1,5 %	125 g	2,0
Kefir 10 %	125 g	12,0
Kefir 3,5 % mit Frucht	125 g	4,0
Monte Drink	200 ml	4,4
Monte	55 g	7,3
Müller Milchreis, Original	200 g	5,0
Müllermilch Original Schoko	250 g	4,0
Obstgarten classic	125 g	5,0
Obstgarten Diät 0,4 % Fett	125 g	0,5

Optiwell Schokopudding	150 g	1,4
Optiwell Joghurt 0,1 %	100 g	0,1
Sahnejoghurt, 10 %	150 g	15,0
Vanille Traum 0,1 % Fett	125 g	0,1
Vanille Traum mit Himbeer	125 g	5,0
Vanillepudding Vollmilch	145 g	4,4
Yakult Original	65 ml	0,1
Zott Jogolé 0,1 %	150 g	0,2
Zott Sahne-Joghurt, mild	150 g	11,6
Nüsse und Samen		
Cashewkerne 20 St.	30 g	12,7
Erdnusskerne 20 St.	30 g	14,4
Haselnusskerne 30 St.	30 g	18,5
Kokosnuss, gehackt	50 g	18,3
Kürbiskerne	50 g	13,7
Leinsamen	50 g	21,0
Macademianuss	30 g	21,9
Mandelkerne 20 St.	30 g	16,2
Paranuss 8 St.	30 g	20,0
Pinienkerne	30 g	18,0
Pistazienkerne 20 St.	30 g	15,5
Sonnenblumenkerne	30 g	14,7
Walnusskerne	30 g	18,8
Obst (wird nicht berechnet, aber: Vorsicht, Zucker!)		
Ananas	150 g	0,3
Apfel	150 g	0,9
Aprikosen	150 g	0,2
Banane mittelgroß	100 g	0,2
Birne mittelgroß	150 g	0,5
Brombeeren	125 g	1,3
Datteln, 3 St.	25 g	0,1
Erdbeeren	150 g	0,6
Feigen, 2–4 St.	25 g	0,6

Grapefruit/Pampelmuse	200 g	0,4
Heidel-/Blaubeeren	125 g	0,8
Himbeeren	125 g	0,4
Honigmelone	150 g	0,2
Johannisbeeren	125 g	0,3
Kaki	150 g	0,5
Karambole/Sternfrucht 1 St.	80 g	0,2
Kirschen	125 g	0,6
Kiwi	90 g	0,5
Kumquat 6–10 St.	80 g	0,2
Litschi 8 St.	80 g	0,2
Mandarinen	80 g	0,2
Mango 1 St. klein	150 g	0,8
Mirabellen 10 St.	150 g	0,3
Nashi/Japanische Apfelbirne 1 St. klein	150 g	0,3
Nektarine, entsteint	150 g	0,2
Orange/Apfelsine 1 St. klein	150 g	0,3
Papaya	150 g	0,5
Pfirsich 1 St.	125 g	0,1
Physalis 30 St.	125 g	1,4
Pflaumen/Zwetschgen 4–5 St.	125 g	0,3
Preiselbeeren	125 g	0,6
Stachelbeeren 15–20 St.	125 g	0,3
Wassermelone	150 g	0,3
Weintrauben 20 St.	125 g	0,4
Zitrone, geschält 1 St. klein	60 g	0,4
Zuckermelone/Honigmelone	150 g	0,2
Obstkonserven (wird nicht berechnet, Vorsicht, Zucker!)		
Ananas 3 Scheiben	150 g	0,3
Apfelmus 6 EL	150 g	0,6
Aprikosen	125 g	0,1
Birnen	125 g	0,3

Erdbeeren	125 g	0,3
Fruchtcocktail	125 g	0,1
Grapefruit in Saft	125 g	0,3
Heidel-/Blaubeeren	125 g	0,8
Himbeeren, ungesüßt	145 g	0,1
Kirschen im Glas	125 g	0,3
Mandarinen	125 g	0,1
Mango	125 g	0,3
Pfirsich	125 g	0,1
Pflaumen/Zwetschgen	125 g	0,1
Preiselbeeren, gesüßt	50 g	0,2
Stachelbeeren	125 g	0,1
Trockenobst (wird nicht berechnet, aber Vorsicht, Zucker!)		
Apfel	25 g	0,4
Aprikosen 3 St., mittelgroß	25 g	0,1
Banane, getrocknet, 10–12 Scheiben	25 g	0,2
Feige 1 St.	25 g	0,3
Pflaumen, Dörrpflaumen 3 St.	25 g	0,2
Rosinen/Sultaninen	25 g	0,2
Öle und Fette		
Alle Speiseöle 1 EL	10 ml	10,0
Brunch 14 %	10 g	1,4
Brunch 24 %	10 g	2,0
Butter	10 g	8,0
Butter, halbfett	20 g	8,0
Butterschmalz	20 g	20,0
Joghurtbutter 2 EL	20 g	14,0
Margarine	10 g	8,0
Margarine/halbfett	10 g	3,9
Sauerrahmbutter 2 EL	20 g	16,6
Schmalz	10 g	10,0

Salat (wird nicht berechnet)		
Eisbergsalat	50 g	0,2
Feldsalat	50 g	0,2
Kopfsalat	50 g	0,1
Radicchio	50 g	0,1
Rucola/Rauke	50 g	0,4
Saucen/Dressings		
Balsamico-Dressing 2 EL	15 ml	0,8
Barbecue-Sauce 1 EL	15 ml	0,0
Béchamelsauce 6 EL	100 ml	17,7
Béchamelsauce, leicht 6 EL	100 ml	7,6
Chinesische Sauce, süßsauer 1 EL	15 ml	0,0
Curry-Gewürz-Ketchup 2 EL	20 ml	0,1
Curry-Ketchup 2 EL	20 ml	0,0
Currysauce 1 EL	15 ml	2,9
Essig 2 EL	15 ml	0,0
Frisches Joghurtdressing 2 EL	25 ml	7,1
Gewürzketchup		0,0
Joghurt-Kräuter-Dressing, leicht 2 EL	25 ml	2,8
Joghurt-Salatcreme 20 %	5 g	2,0
Knoblauchbutter 1 EL	20 g	12,4
Knoblauchsauce 1 EL	15 ml	4,5
Kräuterbutter 1 EL	20 g	12,4
Mayonnaise		
Delikatess-Mayonnaise 82 %	5 g	4,0
Salatmayonnaise 50 %	5 g	3,0
Salatmayonnaise 50 %, 1 EL	15 g	7,7
Mayonnaise, Salatcreme 20 % Fett, 1 EL	15 g	3,8
Miracel Whip 4,9 %	100 g	4,9
Miracel Whip Balance 10 %	100 g	10,0
Meerrettich, Sahne 1 EL	15 g	3,3
Meerrettich, Tafel 1 EL	15 g	1,6
Röstzwiebeln 1 EL	5 g	2,2

Salatgenuss 3 %	10 g	0,3
Sauce hollandaise	100 ml	54,7
Sauce hollandaise 8 %	100 ml	7,6
Schaschliksauce 1 EL	15 g	0,1
Senf	10 g	0,4
Sojasauce 1 EL	15 ml	0,1
Texicana-Salsa 1 EL	15 ml	0,1
Tomatenketchup 2 EL	20 g	0,0
Worcestersauce 1 TL	5 g	0,1
Zigeunersauce, 1 EL	15 ml	0,0
Pikante Snacks		
Chipsletten 11–13 St.	25 g	8,3
Chips, alle Sorten 11–13 St.	25 g	8,8
Chrunchips, leicht 11–13 St.	25 g	6,0
Erdnussflips	30 g	7,2
Erdnüsse	30 g	9,0
Goldfischli Original	25 g	4,3
Grissini 4–6 Stangen	30 g	3,2
Kräcker/Cracker 3–5 St.	25 g	3,5
Popcorn	30 g	1,5
Pringles Original 12–13 St.	25 g	8,4
Saltletts, Brezel	25 g	1,9
Salzstangen 20 St.	30 g	0,2
Sour Cream & Onion Pringles 12–13 St.	25 g	8,2
Studentenfutter	30 g	9,4
Tortillachips	30 g	7,3
Tuc Cracker Classic 5 St.	25 g	5,8
Tuc Cracker Leicht 5 St.	24 g	2,4
Schokolade und Bonbons		
After Eight 3 St.	25 g	3,2
Amicelli 1 St.	13 g	3,2
Balisto, Joghurt-Beeren-Mix 2 St.	37 g	9,8
Balisto, Korn Mix 2 St.	37 g	9,5

Bounty 2 St.	57 g	14,0
Celebrations 1 St.	8 g	1,4–2,6
Choco Crossies 4 St.	20 g	5,5
Daim, 1 St.	28 g	9,1
Duplo 1 St.	18 g	6,0
Edelbitterschokolade 70 %	20 g	8,8
Fioretto Nougat 1 St.	23 g	8,1
Knoppers 1 St.	25 g	8,4
M&M's Choco 1 Pack. klein	45 g	9,3
Mars 1 St.	51 g	8,5
Mars Mandel 1 St.	49 g	12,9
Meeresfrüchte 1 St.	11 g	4,0
Milchschnitte 1 St.	28 g	7,8
Milky Way 1 St.	22 g	3,5
Mozartkugel 1 St.	17 g	5,7
Schokobanane 1 St.	13 g	1,4
Snickers 1 St.	57 g	15,3
Snickers Cruncher 1 St.	40 g	11,4
Dickmanns, Schaumküsse 1 St.	28 g	3,0
Twix 1 Pack. = 2 St.	58 g	14,0
Vollmilchschokolade	20 g	6,3
Weiße Schokolade	20 g	6,6
Yogurette 1 St.	13 g	4,5
Zartbitterschokolade	20 g	6,9
Bonbons		
Campino Früchte Joghurt 1 St.	4 g	0,2
Karamell Riesen 1 St.	5 g	0,5
Mamba, alle Sorten 1 St.	4 g	0,2
Mint Chocs 1 St.	6 g	0,4
Rachengold Milch & Honig 1 St.	6 g	0,2
Riesen, Storck 1 St.	9 g	1,7
Schoko Toffees 1 St.	9 g	1,9
Schokolinchen 1 St.	7 g	0,6

Toffifee 1 St.	8 g	2,4
Werthers Herbe Karamell 1 St.	6 g	1,8
Andere Bonbons 1 St.	6 g	0–0,1
Speiseeis (1 Stück)		
Big Mandel	75 g	16,8
Calippo Cola	105 g	0,0
Calippo Erdbeere	105 g	0,0
Capri	55 g	0,0
Cornetto Bottermelk Zitrone	86 g	9,0
Cornetto Erdbeer	75 g	8,0
Cornetto Haselnuss	75 g	14,0
Domino	90 g	8,0
Einfacheiscreme	100 g	0,9
Eiscreme	100 g	2,7
Erdbeere	75 g	5,7
Flutschfinger	72 g	0,0
Joghurteis (Linessa)	100 g	3,5
Magnum Classic	120 g	16,0
Magnum Gold	110 g	18,0
Magnum Mandel	120 g	18,0
Magnum Weiß	120 g	15,0
Nogger	94 g	14,0
Sahneeiscreme	100 g	15,6
Softeis	60 g	1,8
Solero Exotic	90 g	2,5
Sorbeteis	100 g	0,0
Wurst		
(1 Scheibe oder 1 Portion = 20 g)		
Aspikwurst		0,0–0,5
Bierschinken		4,0
Bierwurst		4,0
Blutwurst		6,0
Corned Beef		1,0

Fleischkäse, grob		5,0
Geflügeljagdwurst		2,0
Geflügelleberwurst		5,0
Geflügellyoner		3,0
Geflügelmortadella		3,0
Gekochter Schinken		1,0
Hausmacher Leberwurst		5,0
Hähnchenbrustaufschnitt		0,5
Jagdwurst		4,0
Kalbskäse		6,0
Kasseler		1,0
Lachsschinken		1,0
Leberkäse		5,0
Leberwurst light 3 %	30 g	1,0
Leberwurst Linessa 20 %	20 g	4,0
Leberwurst fett	30 g	9,5
Lyoner		6,0
Mettwurst		8,0
Mortadella		7,0
Putenbrust		0,4
Putenzwiebelmett		1,0
Roher Schinken		7,0
Salami deutsch	15 g	8,0
Salami Geflügel	15 g	4,0
Schwarzwälder Speck		12,0
Teewurst		7,0
Teewurst fettreduziert		5,0
Truthahnbierschinken		2,0

REZEPTREGISTER

A

B

C

D

E

F

G

H

I

J

K

L

M

N

O

P

Q

R

S

T

U

V

W

Z

Register nach Hauptzutaten

A

B

C

E

F

G

H

I/J

K

L

M

P

R

S

T

W

Z